J.I.巴刻 / 著　刘光宇 / 译

J.I.Packer

软弱之道

—— 靠主得力的人生

WEAKNESS IS THE WAY
Life with Christ Our Strength

上海三联书店

Weakness Is the Way
Life with Christ Our Strength

我的写作生涯

（代中文版序）

时不时有人会请教我：如何成为一名作家。梦想着出书的人以为我曾经与他们一样想当作家，而且找到了某种神奇的套路把书写出来。但我想，我的回答会让他们失望，因我从未想过要成为一名作家（我成为作家是出于神意的偶然）。我能帮助他们的，最多是解释我实际辛苦写作过程中所获得的感悟。那么我学到了什么呢？不过是三条规则而已。第一，有些值得说的话（或值得呈现的内容——若是写小说、传记或历史著作）。第二，了解你的目标读者，即你写作的对象，并且不断地问自己：这人对你刚写下的文字会作何反应？第三，在你思想和写作主题允许的范围内，尽可能让句子简短易懂，栩栩如生。这些是写作的沟通技巧，世上没有什么神奇套路，可以使你精通此道；只有不断自我批评并付出辛劳，方可做到这一点。

我开始出书的过程说明了这一点。回到二十世纪五十年代后期的英国，福音派信仰正受到新教自由派领袖的攻击。他们将福音派信仰称为基要主义（英国福音派人士决不会用这个词自表身份），他们批评它，说它缺乏学术水准，说它褊狭，因此在教会内外影响恶劣。我曾经被邀请在一次主题为

"狭隘思想抑或狭窄道路?"（Narrow Mind or Narrow Way?）的会议上发言，回击这种批判。会后不久，会议组织者寄来我的发言记录，请我将它变成一篇六千字的小册子发表。但是我希望让自己对圣经权威的声明足够有说服力，并且把批评者也纳入目标读者之列，在他们面前提出论据，清楚指出他们的错误，因此就需要长得多的篇幅。最终出版的是一篇六万字的论文，出版社给它定名为《基要主义与神的道》（"Fundamentalism" and the Word of God）。这个书名使我的写作看似在回应当时一本流行的批评性著作《基要主义与神的教会》（Fundamentalism and the Church of God）。这本书销量很大，我想这是该书主题使然，而且目前仍在印行。从那时开始，许多出版社一直请我为他们写书。

回溯 1958 年《基要主义与神的道》出版以来我的作品，我发现可以分为四类。它们论述的是我作为基督徒、牧师和神学教师生涯中主要关注的内容。对于每一方面，我会稍加阐述。

1. **圣经的权威**。圣经正典都是上帝的默示；当每一条圣经教导按其自然含义来理解，当所有圣经教导合成了文献所要求的连贯整体的时候，圣经教导就是从上帝而来的真理，由上帝赐下，为了塑造我们的信仰，引导我们的生活；许多世纪前圣经作者奉上帝的名向他们同时代人所说的话，上帝每一刻都在向我们说。在现代之前，教会一致接受这些信念。小时候我并不相信这些，但在我 1944 年归信后不久，上帝就使我对这一点确信无疑。从那日直到如今，我一直努力捍卫和宣告圣经的权威。我把这一点看作是一切纯正神学、一切忠心讲道、一切真基督徒的信念与生活、一切真敬拜，以及信徒一切确据和盼望的基础性原则。加尔文以下这番话，对此问题的本质作了经典陈述：

那些内心被圣灵教导的人都真正地倚靠圣经，而圣经则是自我印证的……我们应当确信圣经的教导，而这确信是借着圣灵的印证而得的……我们确信（就好像我们直接仰望上帝自己的威严那样）人的传教事工传给我们的话语也完全是从上帝口中出来的……在此我所说的是每一位信徒内心的经验，虽然我的言语无法贴切地描述。（《基督教要义》I：7：5）

除了《基要主义与神的道》，我写的《神已经说话》（*God Has Spoken*）、《恩典与能力》（*Grace and Power*）、《字里藏珍》（*God's Words*）这几本书，以及许多文章和小册子，都在努力确立这一立场：正统基督教信仰的根基，是教导上帝笔之于书的话语，上帝的话语将关于基督的全备真理呈现在我们眼前。

2. 基督徒生活。 成为真正的基督徒之初，我就感受到一些压力：我们应如何加深人与上帝的关系？今天这些问题被称为灵性问题：人如何能更好地与上帝同行？更讨上帝喜悦？更经常与上帝相交？更有力地抵挡试探？更在恩典中长进？被圣灵充满？等等。我慢慢发现，在二十一世纪的教会，这些已经变成了不那么受关注的问题，而我想要呼吁人们重新关注这些问题。出于这种关切，我写了《重寻圣洁》（*Rediscovering Holiness*）、《活在圣灵中》（*Keep in Step with the Spirit*）、《软弱之道》（*Weakness is the Way*）、《喜乐终老》（*Finishing Our Course with Joy*），另外还有三本与卡罗琳·奈斯特龙（Carolyn Nystrom）合写的著作：《信有蓝天》（*Never Beyond Hope*）、《点燃祷告之火》（*Praying*）和《寻求引导》（*God's Will*，初版时书名为《保守我，引导我》［*Guard Us, Guide Us*］）。

3. 清教徒传统。在我基督徒人生的开始阶段，出于闲暇时的兴趣，我读了一本小书，作者是十七世纪的约翰·欧文，此人我之前从未听闻。这本小书的标题是：《论治死信徒身上的罪》（*Of the Mortification of Sin in Believers*）。它讨论了一个当时困扰我的难题，但从标题我却看不出来（因他用的"治死"一词，当时我还感到很陌生）。阅读本书使我的许多思想得到重整，让我看到我需要认识和践行的许多事，是我从前根本不知道的，因对我进行门徒培训的人从未提过这些事情。这经历令我深信，在基督徒灵修这个领域，清教徒是遭人遗忘的大师，而当代的导师经常在这方面不知头绪，我要承认，我如今仍是这么认为。在进一步研究清教徒灵修作品的过程中，我自己获益匪浅，并在适当的时候发表了研究著作。我盼望这些作品可以让这些清教徒牧师为人所知，让人看到书中所包含的智慧，并知道我们今日如何、为何需要这智慧。这一类作品有《寻求敬虔》（*A Quest for Godliness*，本书是对清教徒卓越之处的纵览，在英国以《置身上帝的巨人中间》［*Among God's Giants*］为题出版）、《清教徒肖像》（*Puritan Portraits*，对主要清教徒牧师的描述）、《理查德·巴克斯特思想中关乎人之救赎和恢复的观念》（*The Redemption and Restoration of Man in the thought of Richard Baxter*），以及《圣化的伤恸》（*A Grief Sanctified*，我编著的巴克斯特关于丧妻之痛的感人回忆录，附带论述清教徒理想婚姻和清教徒处理伤恸的文章）。我继续对清教徒推崇有加，视他们为基督教界与上帝相交的卓越导师。

4. 要理问答和要理问答教育。要理问答是使人作主门徒的一个层面，不管是自由派还是保守派，新教（更正教）人士忽视这种教育已逾一个世纪。结果就是，今天整体会众的信仰教育严重不足，令人悲叹。诚然，近年来查经小组在各间教会蓬勃兴起，但这与要理问答教育是两回事，它们并没有同样的教育果效。所谓要理问答，即对教会成员和慕道友就教会所领受的圣经信仰进行系统的教导，这是基督教最初几个世纪各地通行的做法。这一传统在改教家和清教徒的年代再次被恢复，那时许多优秀的要理问答得以印行发表。今天我们需要重拾这种做法——我心怀感恩地留意到，人们好像已经开始做这事。我在侍奉初期认识到这种需要，因此写了几本书。我盼望这些书能够成为恢复要理问答教育所使用的资料。它们包括《在基督里长进》（*Growing in Christ*，本书是对使徒信经、主祷文、十诫和洗礼之约的基本诠释）、《基督徒须知》（*I Want to be a Christian*，这是前本书的一个早期版本）、《认识神》（*Knowing God*）、《认识基督教信仰》（*Knowing Christianity*）、《简明神学》（*Concise Theology*）、《虔敬的奥秘》（*Taking God Seriously*）。另外还有与盖里·帕雷特（Gary Parrett）合著的《立定根基》（*Grounded in the Gospel*，一本研究要理问答原则和步骤的书）。最近我也有幸和一些人一起为北美圣公会联会（the Anglican Communion in North America）撰写一份全面的新版要理问答，其标题为《做个基督徒》（*To Be a Christian*）。只要一息尚存，我会继续为此大声疾呼：在所有教会重新开展针对每一个会友（不分老少）的要理问答教育。

巴　刻

写于 2015 年 3 月

衷心感谢

史蒂文·波塞尔

一再邀请我入住平信徒公寓

使我产生写作本书的灵感；

莱恩·丹尼斯

推动了本书的出版；

斯科特·巴伯

誊写了我潦草的手稿。

目录

第一章
关于软弱

主耶和华，求你引领，

走过今世旷野路。

我本软弱……

———威廉斯（William Williams）

强者与弱者

米尔恩（A. A. Milne）写的小熊维尼系列故事引人入胜，在《小熊维尼的房子》（*The House at Pooh Corner*）里，爱操心的康卡太太出场了，在她看来，天真活泼的小豆必须按时吃强健素，这可是件头等大事。为什么？自然是为了能长得强壮。强壮包括哪些方面？身体素质、道德水准和人际关系，都有强弱之分。搬得动重物、不向错谬妥协、坚决维护正义、能带领一个群体，都是强壮的表现。强壮，就是在任何情形下都能带来改变。强壮的人有影响力，一旦发挥出来，就能改变他所处的环境。人们会因为某人所拥有的能力和成就而尊重他。康卡太太盼望小豆长得强壮，父母对孩子、老师和教练对学生，无不如此——都希望他们有能力和作为。

这乃是属世的方式，不过有时上帝也会这样做，正如下面圣经中的这些劝勉所反映出来的：

- 上帝对摩西的接班人约书亚说："你当刚强壮胆"（书1：6—7，9），连说三遍表示强调。
- 保罗让以弗所的信徒为属灵争战做好准备："你们要靠着主，倚赖他的大能大力作刚强的人。"（弗6：10）
- 保罗勉励提摩太承担保罗所按立的牧职："你要在基督耶稣的恩典上刚强起来。"（提后2：1）

显然，灵命强壮是应当的，别无选择。

可是，进一步想：为什么会有这些劝勉？是为了要除掉原本存在的软弱无力感。或许，约书亚听到上帝的话、提摩太读了保罗的信，内心都深感恐惧。接替摩西带领以色列人，接替保罗建立教会，都是艰巨的任务。这两人感到难以胜任，这不足为怪。换句话说，他们两人都感到软弱。若不是从上帝那里得力，他们也必定会力不从心。

什么是软弱？其核心就是无力感。体弱，是指身体缺乏活力或健康，因此搬不动家具或无法从事繁重的体力劳动。智力水平弱，是指无力从事某些脑力劳动，例如C. S. 路易斯对数学几乎一窍不通，我本人也是如此。性格软弱，是指缺少决断力，不够坚定，缺乏自尊，没有领导力。处于弱势，是指缺少必要的资源去推动和影响局面。人际关系的软弱，是指无力带领和引导——有些父母和牧者也有这样的软弱。每一天我们都会不断感受到周围人的软弱和不足。

史努比卡通故事中有这样一个片段：查理·布朗看上去闷闷不乐，露西问他有什么心事，查理说："我觉得自己什么都不如别人。"露西说："噢，不用担心，很多人都这么想。"查理说："啊？人们都觉得自己不如别人吗？""不，"露西说，"很多人都觉得你不如别人。"我欣赏表达中流露出的机敏，我也为这段话令我忍俊不禁而感到惭愧。我知道，对有些人来说，这个笑话是残忍的，一点也不好笑，毫无同理心。露西这个极品女孩，故意捉弄苦闷的查理，暗示查理他悲惨的自我评价千真万确。但从这个笑话可以看出，自以为刚强的人，是多么容易在别人本已

14

15

脆弱的伤口上撒盐，雪上加霜。倘若软弱的人不那么痛恨自己的软弱，这个笑话也就不好笑了；那些丝毫也不感到软弱的人，在与他人的讨论或交流中，若能更小心地克制自己，世上的痛苦也会减少许多。

软弱感常与失败感联系在一起，有时是软弱感导致失败感，有时则是相反。过往的失败好像黑云，笼罩着当前的目标，让人难免再度失败。而基督信仰，赐给我们坚实的盼望，应许随时会帮助我们，似乎应该能驱散一切恐惧和担忧，但事实上却不总是如此。一位信徒需要鼓励时，其他信徒本应及时鼓励他，而事实上他人的鼓励并不总是及时的和足够的。

实情是，在许多方面，特别是在属灵的事上，我们都是软弱不足的，我们需要正视这一点。罪伤害了所有的人际关系，让我们都陷于无能的境地。我们需要认识到我们的有限，这一认识会在我们里面生出谦卑和对自我的不信任，也让我们认识到自己无法自救。只有这样，我们才能明白，在人生路上的每一个关口，我们都需要倚靠基督，我们的主和救主，需要操练这种倚靠，直至养成属灵的习惯，好能领会保罗所领会的，"我什么时候软弱，什么时候就刚强了。"(林后 12：10）对此，我会在本书的后面再详细地谈。

16

保罗与哥林多人

从现在开始，我们要查考《哥林多后书》，以理解上面所陈明的这个真理——基督徒要想灵命强壮，我们的人生和事奉要想有丰盛的果效，道路就是谦卑和拒绝盲信自我，在属灵之事上清楚地看到自己的软弱。在这一点上，保罗比所有新约圣经的作者都更加清楚，而《哥林多后书》的阐述则最为清晰，因为这篇书信的目的，就是特别针对这一问题。

使徒保罗在宣教之旅中所建立的教会，哥林多教会最为任性、不守规矩，对建立教会的保罗也最为不敬。圣经中给哥林多人的两封书信显示，哥林多人需要学习的，远比以弗所、腓立比和帖撒罗尼迦的信徒要多，也比他们学得更慢。保罗已经尽力教导哥林多人何谓使徒的权柄，以及为什么他们需要遵照他的教导规范自己的生活，但显然他们对保罗的话不以为意，也不打算认真遵行。保罗爱哥林多人，也向他们袒露他的爱，但却发现他们并未照样爱保罗。尽管保罗在他们身上倾尽心血，却发现假师傅和错误的教导更受他们的欢迎，与那些伪善的假教师相比，保罗倒不断被边缘化。我们快速地回顾一下这段故事，对这种局面就会一目了然。

保罗第一次访问哥林多，在那里停留了近两年，或许

17

是从公元 50 年至 52 年。犹太教徒的抵挡一直都很强烈，而非犹太背景的信徒则人数众多（对此路加在《使徒行传》18：1—18 做了记载）。大约四年后，哥林多教会给保罗写信，咨询一些教牧事宜，《哥林多前书》就是对这些问题的答复；尽管有需要警戒的错误和混乱，但那时保罗对他们的态度还算温和。但此后不久，保罗就不得不紧急造访哥林多，去处理一个纪律事件：有人不按着规矩行，并诱惑他人跟从。

这次访问后，保罗写了一封措辞严厉的信，要求哥林多教会按照规矩处置造成问题的人（路加写作《使徒行传》时或许受篇幅所限，且该书的目的是记载福音从耶路撒冷传到罗马的胜利进程，因此没有提及这一事件，但保罗在《哥林多后书》2：1—11 的回顾表明这件事给他带来了很深的伤痛）。写完那些严厉的话，保罗不免心中生疑，是哥林多人会严肃看待他的信，还是保罗会就此失去他们的心呢？

保罗在焦虑中派提多代表自己去哥林多了解情况。令保罗欣喜的是，提多报告说，保罗的信受到认真对待，该采取的措施也已采取（见林后 7：5—16）。但是，提多似乎又带回些不大好的消息。一些"超级使徒"（林后 12：11）① 突然来到哥林多教会，正给那里的信徒灌输一些与

---

① 和合本圣经译为"最大的使徒"，这里直译为"超级使徒"。——译者注

保罗的教导相左的道理。因此，保罗决意再次访问哥林多，去处理中伤和谣言以及造谣者的问题，并写下我们今天所读到的《哥林多后书》（这实际上是保罗写给哥林多人的第三封书信），为他的到访作预备。

19

这封书信有三个目的。

首先，保罗希望，哥林多人确知他因为爱他们，所以向他们敞开自己，也请求他们同样敞开（6：11—13）。在这卷书前六章中，保罗重点记述了他所经历的苦难（在以弗所差点丢掉性命，1：8—10；经受各样艰难，4：7—18；被人以为癫狂了，5：13；遭受各样艰难和逼迫，6：4—10；又见11：23—33）。保罗说，他能忍耐这一切，足见他对服侍的真心，显然，保罗也希望哥林多人了解这些情况（"凡事都是为你们"，4：15）之后能确实地敬重保罗。

其次，保罗希望，在他到的时候，哥林多教会的信徒已经预备好他们承诺交给保罗带到耶路撒冷周济穷人的捐项。耶路撒冷的圣徒非常贫困，急需救助，保罗也不断从他所建立的外邦人的教会中为这些有需要的肢体筹款，并以这种实际的方式，坚固犹太人信徒和外邦信徒的团契关系。保罗抵达哥林多后，将从那里启程前往耶路撒冷，他希望届时能够带上哥林多教会的捐资。保罗在本卷书8至9章谈到这些问题时，语气变为牧者的劝诫。

20

第三，保罗希望，这封信能够消除那些意欲叫哥林多信徒与自己反目的扰乱者的影响，这些人曾攻击保罗"软弱"，以表达他们对保罗的鄙视（10∶10）。在说到这一点时，书信的语气转变为带着使徒权柄的责备，保罗承认这样做本来不妥，但接着宣告，他什么时候软弱，什么时候就刚强了，他也承诺，当他抵达哥林多教会时，如有必要，在面对反对者时，他也会显出从基督而来的能力（12∶20—13∶4）。

软弱变刚强

无疑，正是哥林多的那些批评者，使得保罗写这封信时直言自己的软弱。保罗在信中强调了他因上帝的命定而遇到的事奉中的艰难，这说明他一直很清楚，自己在教会中和在世界上都是处于弱势。因此，保罗也不敢确定哥林多人是否仍然欢迎自己，这让他认为有必要事先提醒哥林多人预备好捐项（"就当在这慈惠的事上也格外显出满足来"，林后8∶7），保罗说这段话的语气几乎是带着歉意，"我说这话，不是吩咐你们，乃是藉着别人的热心（这是保罗希望哥林多人所仿效的），试验你们爱心的实在。"（8∶8）

然而，在本卷书第三部分，保罗对自己的软弱的承认却走向一个高潮——保罗透露，为了让他不致骄傲，"有一根刺加在我肉体上，就是撒但的差役要攻击我。"（12∶

21

7）我们不禁要问，这根刺是什么？是眼疾？身体的疾病？跛足？显然，这根刺是与身体相关的，也是痛苦的，否则就不会称之为"一根肉体上的刺"了，但除此之外，我们就不了解了，并且也无需了解更多。保罗告诉我们，他曾三次郑重地恳求上帝："为这事，我三次求过主，叫这刺离开我。他对我说：'我的恩典够你用的。因为我的能力是在人的软弱上显得完全。'所以，我更喜欢夸自己的软弱，好叫基督的能力覆庇我。"（12：8—9）

因此，保罗未得医治，但却不是因为被上帝抛弃。恰恰相反，正如保罗自己所见证的："所以，我更喜欢夸自己的软弱，好叫基督的能力覆庇我。我为基督的缘故，就以软弱、凌辱、急难、逼迫、困苦为可喜乐的；因我什么时候软弱，什么时候就刚强了。"（12：9—10）

本书作者的个人经历

基督徒的人生与事奉，是一场与软弱相伴的旅程，人的力量终有耗尽之时，只有属天的能力可以支撑我们前行——我本人对这一点的领悟，甚至可以追溯到少年时代。我天性孤僻忧郁，有十年时间都必须带着一个铝制的保护套，以遮盖一场交通事故在我头上留下的伤口，我也因此无法进行任何户外游戏。在那些年里，我觉得自己几乎无法参与任何重要的事。这诚然是软弱感的一种。

这种感受，虽然有诸多错谬，但却成为纵贯我人生的底色，而近三年来，因为髋骨脱节，这种感受更为强烈，有两年时间我走路一瘸一拐，做完更换关节的手术后，又用了一年时间缓慢康复。医生说，该手术是侵入性的，手术最初的影响就是对我的身体系统的冲击——就像在街上被卡车撞到一样——身体和头脑的彻底恢复需要时间，创造力也是如此（在我而言，就是写作的能力），在术后初期会明显丧失。这三年来，我对身体和认知方面的软弱，如同对撒但诱使我们沮丧和灰心的把戏一样，有了更多切身体会。保罗早已经历过这一切——我不断默想这一事实，我对《哥林多后书》的激赏由此也越发加深，这本小书就是这些默想的结果。这封书信的内容曾经帮助了我，我盼望它也能帮助更多的人。

23

第二章
基督与基督徒的呼召

> 他因软弱被钉在十字架上，却因上帝的大能仍然活
着。我们也是这样同他软弱，但因上帝向你们所显的大
能，也必与他同活。你们总要自己省察有信心没有，也
要自己试验。岂不知你们若不是可弃绝的，就有耶稣基
督在你们心里吗？
>
> ——《哥林多后书》13：4—5

保罗癫狂了吗？

我们将发现，《哥林多后书》与保罗的其他教牧书信
非常不同。其他书信的受信人都深信保罗的话是凭着使

徒的权柄——也就是基督的权柄。因此，在其他书信中，保罗基本上像是一位直言不讳的教师。但《哥林多后书》的受信人却不同，他们虽然也是信徒，但保罗知道，他们当中的许多人并不把他当使徒看待。他们怀疑他或是疯子，或是骗子，因此，保罗必须首先尽力重获这些人的信任，使他们愿意再度听从他的教导。

我想，保罗并不习惯这种局面。他惯有的充满信心和逻辑的表达被弱化了，为了达到说服的效果，他不时迂回往复，并不时把话题转到自己身上。身为一位传道人，他在口述这封书信时，自然带着教导的口吻；然而从始至终，保罗仿佛都在自问，他应说些什么，才能触动哥林多人，并使他们确信，无论那些"超级使徒"如何论断他，他都是一个他们理应敬爱和听从的人？

我们在查考《哥林多后书》5：6—6：2这段经文时，需要牢记这一点。

所以，我们时常坦然无惧，并且晓得我们住在身内，便与主相离。因我们行事为人是凭着信心，不是凭着眼见。我们坦然无惧，是更愿意离开身体与主同住。所以，无论是住在身内，离开身外，我们立了志向，要得主的喜悦。因为我们众人必要在基督台前显露出来，叫各人按着本身所行的，或善或恶受报。

我们既知道主是可畏的，所以劝人。但我们在上帝面前是显明的，盼望在你们的良心里也是显明的。我们不是向你们再举荐自己，乃是叫你们因我们有可夸之处，好对那凭外貌不凭内心夸口的人，有言可答。我们若果癫狂，是为上帝；若果谨守，是为你们。原来基督的爱激励我们。因我们想，一人既替众人死，众人就都死了；并且他替众人死，是叫那些活着的人不再为自己活，乃为替他们死而复活的主活。

所以，我们从今以后，不凭着外貌认人了。虽然凭着外貌认过基督，如今却不再这样认他了。若有人在基督里，他就是新造的人，旧事已过，都变成新的了。一切都是出于上帝，他藉着基督使我们与他和好，又将劝人与他和好的职分赐给我们。这就是上帝在基督里，叫世人与自己和好，不将他们的过犯归到他们身上，并且将这和好的道理托付了我们。所以，我们作基督的使者，就好像上帝藉我们劝你们一般。我们替基督求你们与上帝和好。上帝使那无罪的，替我们成为罪，好叫我们在他里面成为上帝的义。

我们与上帝同工的，也劝你们不可徒受他的恩典。因为他说："在悦纳的时候，我应允了你；在拯救的日子，我搭救了你。"看哪，现在正是悦纳的时候，现在正是拯救的日子。

可以说，凡是认可保罗使徒身份的人，读《哥林多后书》都会感到无比振奋。上面这段经文，是这封书信第一

28

部分的高潮。保罗在这里袒露自己的心声，为要恢复他与哥林多人之间信任、友爱与和睦的关系。为此，他在这一段中重点说明了他做上帝仆人的动力何在。

理解人们行事为人的动机，是建立良好关系的基础。思想一下夫妻关系和亲子关系，对此就不难理解了。保罗在这里让哥林多人看到，他是一个有动力的人，并且解释了他的动力来自何处。保罗知道，哥林多人怀疑他旺盛的精力和建立教会的热情，或许是因为他精神不正常，说得更直白一些，他是个宗教狂人。

保罗把这种可能性彻底排除在外。"我们若果癫狂（希腊原文的字面意思是'头脑不正常'），是为上帝"——也就是说，这是我们与上帝之间的事，与他人无关；但是我们"若果谨守，是为你们"（5：13）——因此你们必须认真对待我们（另外，这里的复数主语，并非像英语中的惯常用法那样，是以复数形式指代作者，而是特指保罗和提摩太二人，在本卷书1：1已经说明这封书信是两人一起写就的。从3章起，保罗开始以他和提摩太两个人的口吻说话）。

实际上，保罗是要哥林多人扪心自问：保罗和他的同伴可能是疯子吗？嘲讽和贬低他们到底对不对？我们（哥林多人）真的理解他们吗？莫非我们真应该视他们为我们信心和人生的导师，如他们所希望的那般？我盼望读这卷书的每位读者都能与哥林多人一起思想这些问题。

保罗的动力

无论怎样，保罗切望他的受信人能正确理解他，于是他开门见山地谈到自己。保罗解释说，事奉耶稣基督是一件充满艰难和危险的工作，究竟是什么推动他将其作为自己毕生的事业呢？保罗告诉我们，他的动力来自三个方面。这三个方面彼此独立又相互交叠，拧成一股绳，正是保罗对基督伟大真理的回应。由此，我们看到基督作为道成肉身的上帝，进入人的软弱中，为一个贫苦的犹太女子所生；我们看到基督巡回布道三年之久，是个扰乱社会和宗教秩序的局外人；我们看到基督被当做令人厌弃的革命分子，以软弱的样式被钉在十字架上；我们看到保罗所爱的基督，担当世人罪孽，在十字架上承受了上帝的愤怒，我们也看到基督这位已经升天、掌权、将来还必再来的主，成为保罗的生命与盼望。

这三重动力分别是：

1. **保罗要一生讨基督的喜悦。**"无论是住在身内（在世），离开身外（在天），我们立了志向，要得主的喜悦"，保罗在5∶9如是说。讨我们心爱之人——配偶、手足、子女、朋友、师长等等的喜悦都绝非易事。这需要想象力、同理心和行动；你必须了解他们心中与你有关的愿望和期待、他们的好恶，还有他们对你与他们之间关系的感受。

31

32　　　这是否也是我们生命中一个重要的动力——在任何情境下都要讨主的喜悦？对保罗而言是如此。这一目标对保罗和今天的我们都是一个挑战。这需要对耶稣心怀恒久之爱，这爱表现为，为着他的所是而爱慕他，因着他为堕落的世界、特别是为我们这些罪人所做的一切而感谢他。这需要对耶稣所有的命令有恒久顺服的心，甚至在我们不能理解这些命令时仍能顺服。这需要对自我放纵的试探有恒久警惕的心，以及对属灵事务感到慵懒淡漠时有恒久争战的心。这需要我们怀着尊重关顾他人，因为人受造都有上帝的形象，也需要我们在陷入自我而无法全然爱邻舍时拒绝肉体的要求。这需要我们每日从早到晚保持圣洁，每日寻求机会见证基督，每日为基督国度的拓展和给有需要的人带去祝福而祈求祷告。

　　　为讨基督的喜悦而全心劳力，会令人心怀喜乐，这是保罗所深知的，并且如艾萨克·瓦茨（Isaac Watts）所说："此爱奇妙，此爱神圣（正如基督的爱，在十字架上被全然彰显），要我付上全心，倾尽毕生所有。"

33　　　**2. 保罗要在末日审判时上帝能看自己全然忠于基督。**保罗继续说："因为我们众人必要在基督台前显露出来，叫各人按着本身所行的，或善或恶受报。"（5：10）此处我们必须小心，因为几百年来对这句经文和其他类似经文的误解，模糊了保罗的意思。这里保罗并非在谈论个人的救恩。他不是说他盼望借忠诚的事奉，能使自己最终称义，如同罗马天主教传承奥古斯丁的教导一直以来所认为的那样。

倒不如这样说：能否称义，或说我们永恒的归宿问题，在我们相信基督的那一刻，上帝已做出决断。它的确切时候，也只有凡事鉴察人心的上帝才能决定；不过，从神学和教牧的角度，让那些真正悔改和相信基督的人确信，他们靠着基督可以享有属天的归宿，这是没有错的。这一永恒裁决的根基，与我们的行为无关，而是单单因着耶稣在十字架上为我们赎罪所担当的痛苦，这一点我们在后面将会谈到。

从裁决做出的那一刻起，基督徒就可秉持这个恩典的确据，也就是当此生结束之时，他们将享受与基督同在的尊荣。面临人生终点，信徒可以不用害怕惊惶，因为他们知道，有一件事是不会改变的，就是他们将会靠着基督、在基督里、与基督同在，直到永永远远。

但是，当保罗说，在末日审判时，一个人从他成为基督徒那一刻起的人生轨迹（在"身内"所做的事），会反过来影响他将来的命运，从他的希腊文原文的意思可知，保罗这里说的是另一件事，也就是我们所说的"奖赏"，这是上帝对我们衷心事奉的肯定。在这一点上，C.S.路易斯的观点是我所读过的基督教思想家中最具帮助性的。他问道，一个恋爱中的男人追求一个女人并最终订婚预备娶她的时候，他心中所想的是什么？回答是：他渴望与她

34

的关系更加深入。他想要尽可能深厚、丰富和满足地与她在一起。换言之，他想要比他现阶段（婚前）已经拥有的更多的东西。

这就是路易斯的比喻，旨在帮助我们理解耶稣和新约作者所说的末日审判时基督忠心的仆人所得的奖赏是什么。这些奖赏，可以看做是某种特权、荣誉、满足感和喜乐——这就是筵席、冠冕和掌权这些比喻的内涵。圣经在提到我们将与基督一同掌权（提后 2∶12）以及与基督一同得荣耀（罗 8∶17）时，特别指出了我们将永远与基督同在、瞻仰他的荣美这一点（约 17∶24；启 22∶4）。

保罗在《哥林多前书》中讲到同一个主题时教导说，"当那日"（审判的日子），将有火来检验，基督徒所建立的是在凡事以基督为中心的教会生活基础上经得住考验的"金银宝石的工程"，还是会被烧毁的"草木禾秸的工程"（林前 3∶12—13）。保罗想到的，是那些三心二意、自以为是、不务正业、傲慢无礼、引起纷争和破坏而非带来造就的人，今日教会中许多问题正是因这班人而起。保罗说："人在那根基上所建造的工程若存得住，他就要得赏赐"，但是"人的工程若被烧了，他就要受亏损，自己却要得救；虽然得救，乃像从火里经过的一样"（林前 3∶14—15，就像一个从着火的房屋中逃出来的人，他所有的一切都被火烧毁了）。这人所蒙受的具体损失是什么，这里没有说明，但保罗告诉我们，尽管这人不会失去救恩，但损失是确实的和惨重的。相反，会有奖赏留给那些忠心投入到敬拜生活和以爱心事奉基督的教会的人。

"我们既知道主是可畏的，所以劝人"（林后5：11），保罗继续说。保罗知道，他和他的同工们，以及所有的信徒，最终都要为他们信主后的事奉向上帝交账，这一责任，使保罗的心因敬畏而深感沉重，为此他和他的同工们全身心地投入到上帝委派给他们的福音事工当中。"可畏的"这个词的希腊原文，意思是想到未来的情形而感到忧虑，表示警告，甚至让人害怕；但这里用的却是这个词在旧约中的含义，就是在令人敬畏的圣约之下（例如说"敬畏耶和华是智慧的开端"）人所应怀的谦卑的忠诚。保罗在这里完全没有警告和让人惊恐之意。

保罗继续说，传道者的所作所为，上帝都会如此察看，因此，保罗希望哥林多人也能照样察看他和提摩太的行为，因为他们无比看重自己的事工，把那当做性命攸关的大事（见林后2：15—17）。所有做这事工的人都期望，其他属基督的肢体能够尊重他们（5：11）。保罗接着说，如果你们能接受我的这些说法，也能据此而接纳我们，你们就应该可以"对那凭外貌不凭内心夸口的人，有言可答"，特别是那些恶意嘲笑保罗严肃的教导风格和教导内容的"超级使徒"们（12节）。

接下来我们检视保罗以及他的教导事工的第三个动力，也是最重要的一个动力。

37

3. **保罗因被基督的爱激励而能自守、有目标、有方向、有行动**。保罗说："原来基督的爱激励我们"（5：14）。翻译成"激励"的动词，NIV 版圣经使用的是"control"（KJV 版使用的是"constrain"），这个词包含了本节小标题中所列出的所有意思。这里的"爱"对应的希腊原文是 *agapē*，这是新约圣经中出现的一个术语，意思是为了让自己所爱的人在所有可能的方面都变得伟大，无论做什么都在所不惜，并会付诸行动。接下来，保罗集中陈明耶稣基督两个伟大的行动，他因为爱我们的灵魂，不仅成为我们的救主，而且所有凭信心就近他的人，他都施行拯救，赐给他们新生命，这新生命，实际上是复活的基督活在他们生命当中，"一人既替众人死，众人就都死了；并且他替众人死，是叫那些活着的人不再为自己活，乃为替他们死而复活的主活。"（5：14—15）

有时人们会问，给罪人带来拯救的，究竟是基督的死，还是他的复活？答案是，两者都是，重哪个或轻哪个都不对。换言之，基督为我们、代表我们、代替我们担当了我们的罪，我们信心的一个层面就是看我们自己与他同死，仿佛是自愿结束了我们不信的生命。但不止于此。基督为了我们的缘故从死里复活，成为我们的先锋，把生命赐给我们，因此我们信心的另一个层面就是看自己已经与他一同复活，以至如今在愿望、方向和神圣的动力等方面，都有份于他复活的生命。当保罗说到他在事奉中格外劳苦，"照着他在我里面运用的大能尽心竭力"（西 1：29）的时候，他指的正是这种被主爱激励而服事的超自然状态。

因此，我们现在已今非昔比；在某些方面，我们当然还是同一个人，但在另一些方面，我们已经决然和彻底地改变了。现在，我们生活不再自作主张，而是回应主的爱去生活，因为我们愿意让爱我们的基督、让基督透过对我们的救赎所彰显的救赎之爱以及基督对我们的新生命所怀的美意，全力推动我们前行。而这种推动力，将是源源不断和多彩多姿的，直到永远。赞美上帝！

在《加拉太书》2：19—20 中，保罗再次以自己为例，描述了一个基督徒身份更新的类似经历。保罗写道："我已经与基督同钉十字架，现在活着的不再是我，乃是基督在我里面活着；并且我如今在肉身活着，是因信上帝的儿子而活，他是爱我，为我舍己。"（20 节）这里，"与基督同钉十字架"回应了《哥林多后书》5：14 的"众人就都死了"，"因信上帝的儿子而活"则对应《哥林多后书》5：15的"那些活着的人不再为自己活，乃为替他们死而复活的主活"。保罗所描述的，是一种全新的生活，有了新的动力，遵循新的规则，这种新生活生发出前所未有的异象、方向、团契、目的性和潜能。

接下来的经文（5：16—21）进一步阐释了基督活泼的爱在罪人生命中所带来的变化。16 节说，"我们从今以

40

41　后，不凭着外貌认人了。虽然凭着外貌认过基督（保罗竟然也这样做过！），如今却不再这样认他了。"这是第一个变化：对人的看法改变了。信徒所领受的新生命，已经彻底改变了他们的心思意念，首先是他们对主耶稣的看法，接着是对他人的看法。信徒看待他人（以及基督！）的时候，不再只按照世人的标准，只在乎别人如何能附从于他的世界，以及别人对他有什么用处（这是"凭着外貌认人"的意思）。反之，信徒看他们的邻舍是失丧的人，没有上帝、没有盼望，他们也深知，帮助失丧之人的最终办法，就是与他们分享福音。

　　17 节继续说，"若有人在基督里，他就是新造的人，旧事已过，都变成新的了。"这是第二个变化：活在人群中的新样式。与基督的联合，发生于一个人第一次接受耶稣为主和救主时，这种联合让人得以第一次体会那创造天地并托住万有、推动万物运转、在母腹中孕育生命的大

42　能。所有相信基督的人都知道，如今的他们与以前的自己以及身边的非基督徒不再是同样的人了，虽然他们经常说不清楚差别究竟在哪儿。然而，保罗在这里为这种转变和更新提供了神学解释，也就是说，我们里面已经有了因着复活的基督而有的全新且永恒的、复活的新生命。

惊人的交换

　　至此，一件引人注目的事发生了。不仅这封书信中出

现这种时刻，在保罗的其他书信中也出现过这种情况，甚至气势更为宏大——例如在《罗马书》5 章和 8 章，以及《以弗所书》1—2 章。在口述书信的过程中，保罗的语气逐渐变为宣告，然后突然发出一段狂想曲般的颂赞辞，宣告上帝借着基督所做的恩典的工作是何等宏伟和瑰丽，保罗有幸最大限度地领略过。他的这些描述，借用音乐术语来形容，就像强音和最强音，构成了保罗在每个阶段所要陈明的要点。

43

在《哥林多后书》5 章，最强音从 18 节开始，"一切（至此所谈到的救恩的每一方面）都是出于上帝"——是的，是出于上帝！——"他藉着基督使我们与他和好，又将劝人与他和好的职分赐给我们。"然后出现了连接词"这就是"，由此展开对这一宣告的详尽分析。我将分三点来讨论保罗的论点并集中讨论"和好"的意思，包括它的含义、方法，以及传达和好信息的使者。

和好之意

"和好"是一个重要的词，表达的是一个宏大的概念，涵盖了从疏离、敌对和分开的状态，变为永久的亲密、友爱、和谐一致状态的全部过程。敌对与分隔的初始状态是普遍性的，由于罪，我们理应受到圣洁的审判者上帝的报应和审判，罪指各种过犯，也就是向道德的泥沼那身不由

44 　己的滑落，我们所有人每天都浸淫其中，无一例外。与上
帝为友的新状态如今已向全人类敞开，无论是犹太人还是
外邦人，这一状态都有赖于基督甘愿道成肉身、在十字架
上做挽回的工作，并从死里复活，又有圣灵在每个罪人的
心思意念中动工，并且圣洁的审判者决绝地宣告了我们为
义。下面我将解释这点。

和好之法

　　保罗在信中说："（父）上帝使那无罪的（耶稣基督、
父上帝道成肉身的爱子），替我们成为罪，好叫我们在他
里面成为上帝的义。"（5：21）要想理解这一令人惊异的
宣告，关键在于了解，在斜体和下划线发明以前，希腊文
作者可以通过在本该使用形容词的地方使用一个抽象名词
来表示强调。保罗在《罗马书》8：7就是这样做的，那里
有一句希腊文，直译为："肉体所想的是与上帝的敌对
(enmity)。"NIV版圣经把名词译作了符合阅读习惯的形容
词"敌对的"（hostile）。5：21也是如此，保罗说，上帝
45 　使基督"成为**罪**"（to be *sin*，意指上帝把他算作是一个
罪人，尽管他是无罪的），好使我们在他里面（意指我们
这信的人借着圣灵与基督联合）成为"上帝的义"（意指
与上帝建立正确的关系，接受上帝的裁决：尽管有罪，但
不再受刑罚，而是被接纳和饶恕）。

保罗在别处也用过"上帝的义",含义可能不同,学者们对此也有争论,但在《哥林多后书》5章这里,其含义则是确凿无疑的!上帝那和好的方法也就在此显明出来——一个双向交换之法。一方面,主耶稣取代我们的位置,替我们尝了刑罚的滋味——死亡,并被丢入地狱——这本该是我们承受的。另一方面,上帝的爱子忠心、仁爱而顺服,并且已经承担了世人的罪债,让我们得以分享父上帝对他那永恒的喜悦。公正的处罚已经一次并永远完成,合理的正义——也就是基于公平的正义——也因此而实现,并白白成为我们的义。

对上帝这一双向性的作为,我们可以称之为"伟大的交换"、"神奇的交换",或者如我为了最大限度地强调,称之为"惊人的交换"。其令人敬畏的程度无与伦比,简直难以置信。这是付诸行动的圣爱——父的爱,差派他的爱子来到世界,为我们的罪而死;子的爱,爱每一个他为之承担罪债之人;圣灵的爱,在我们心中动工,赐下并保守信心,这信心把和好并接纳的祝福,作为神圣恩典的至高礼物带给我们。

人们常说,基督的义被**算作**是我们的义(即算到我们账上,此词来源于簿记)。这不是说,上帝假装看我们做了基督为我们所做的,也受了他所遭受的苦难,而是我们因信与基督联合,以及基督借着圣灵与我们联合,使我们有份于基督因自己的本性及他为我们所做的一切而享有的

46

地位。在英国社会中，一个平民嫁给贵族后就成为贵夫
人，嫁给公爵或亲王后，只因她丈夫的身份，就成为公爵
47　夫人或亲王夫人；丈夫的尊荣遮盖了她，使她的尊荣也与
丈夫的相配。在 21 节中，道成肉身的圣子，完全公义，配
得一切的尊荣，父对他儿子持续不断的遮盖，为基督的缘
故，因着基督为我们所做的，荫庇了我们。如保罗所阐明
的，这就是上帝所设计的和好之法。

和好信息的使者

保罗反复提到了和好职分的使者这一说法，请看下面
这些宣告：

上帝……将这和好的道理托付了我们。（林后 5：19）

我们作基督的使者，就好像上帝藉我们劝你们一般。
我们替基督求你们与上帝和好。（5：20）

我们与上帝同工的，也劝你们不可徒受他的恩典。
（6：1）

48　保罗在这里讲述了上帝赐给他和提摩太的传福音和建
立教会的使命，这当然与哥林多人相关，根本不用讨论。
但是，在保罗的心中和上帝的计划中，他们身为基督使者
的身份和事奉显然不止与哥林多人相关。我们知道，保罗

自视为把福音传遍小亚细亚、希腊甚至西班牙并建立教会的先锋。当然，保罗也不认为只有他和提摩太是福音的使者。那么，保罗所说的"基督的使者"应具备哪些条件呢？

基督把传福音给万民和使人做基督的门徒这一大使命赐给了使徒们，而他们所代表的是之后出现的普世的教会，保罗这里的描述与圣经对大使命的描述相符。因此，正如每个基督徒都应拥有保罗的那三个动力一样，每个基督徒也应当参与教会的使命，就是让尽可能多的人听信福音和成为门徒。我们蒙召是要相信、荣耀、敬拜和事奉基督，并用各种方式实践对邻舍的爱，传福音即是其中一种实践。普世的教会都蒙召成为一个宣教的群体和敬拜的群体，每个基督徒也都蒙召在这两方面尽责。

49

软弱与天职

那么，以上这些内容与本书要讨论的主旨——软弱，这个我们开篇就提出的问题——又有什么关系？下面即是答案。

我把软弱定义为一种感到不足够、不充分的状态，软弱让我们无法达到我们渴望达到的境地或目标。如前所述，软弱的表现形式有多种。身体的软弱让我们无法取得优异的体育成绩；健康问题令我们被各种疾病所困扰；能力不足使我们无法成为更好的雇员、商人或企业家；我们可能因记忆力不够强而无法成为顶尖的教师或管理者；性格的软弱导致我们不适合作领袖、父母、教练、队长，甚至无法做一个合格的团队成员，等等。

50   从主观感受而言，一个软弱但头脑健全的人，几乎会无可避免地觉察到自己的软弱，而这会令人产生自卑感——我们可以把这称为查理·布朗综合征，他也会产生无价值感和无用感，随之而来的则是低沉和沮丧，这些都不是令人愉悦的感受。软弱的感觉会笼罩一个人的存在。在这个堕落的世界里，原罪以骄傲、任意妄为和根深蒂固的自我中心的方式影响了每个人，所有人都渴望自己因强大和出色而被人艳羡，一旦发现这一愿望无法达成，就会觉得自己像个泄了气的皮球，并在心中埋下苦毒的种子。但是，这一章里所回顾的福音的信息先是呼召我们面对事实真相，承认我们是有罪、软弱的，也承认我们的过犯，以及在上帝面前的亏欠；继而透过福音进一步教导我们：

仰望基督，他是爱你和担当你罪孽的主。全心接受他作你的主和救主。然后在他面前，下决心离弃以往自我中心、充满苦毒、自怜、嫉妒和失败感的人生，从此努力成为他忠心的（faithful）——也就是充满信心的（faith-full）——门徒，遵守他的教导，也被他所眷顾。

51   **热爱**基督，永远感激他对你无尽的爱。凡事努力讨他的喜悦。让他的爱约束你，推动你，带领你，安慰你，一直保守你，并像保罗一样，再不把人的评价看为重要——之前他写给哥林多人的信中说过，"我被你们论断，或被别人论断，我都以为极小的事……判断我的乃是主。"（林前 4：3—4）像保罗那样去生活、去爱吧，你心中的冷漠就会被热诚所代替。

倚靠基督，倚赖他透过圣灵赐给你所需的事奉的力量，不管眼下不快乐的处境和不友好的人如何令你受挫。之前我们已经看到，当哥林多人和那些"超级使徒"斥责保罗"软弱"时，保罗的回应之一就是分享说，基督加给他"一根刺"（身体上的某种病痛）而未医治他，并且对他说，"我的恩典够你用的，因为我的能力是在人的软弱上显得完全。"（林后 12：9）至此，我们该铭记保罗对自己这一人生境遇所做的夸胜的宣告："所以，我更喜欢夸自己的软弱，好叫基督的能力覆庇我。我为基督的缘故，就以软弱、凌辱、急难、逼迫、困苦为可喜乐的；因我什么时候软弱，什么时候就刚强了。"（林后 12：9—10）因此，要像保罗那样倚靠基督，基督是你灵魂的爱人，你的确常常软弱，但你也会得着力量去面对，并最终进入安宁和喜乐。

保罗在前往大马士革的路上，把自己交给基督，并受命踏上使徒的人生路，我们有理由相信，此前，无论是从天生的性情还是从后天的教养看，保罗都不是一个像如

52

今这般对软弱敏感的人。我们也当认识到，他肉体中的那份痛苦和不便，虽然基督没有为他除去，他自己也视之为会伴随一生的软弱，但却不仅令他的事奉更有果效，更重要的是令他的生命更加圣洁，理由如下：保罗提到，他接受特别的启示（12：7）时更加谦卑，面对从撒但而来的灰心和搅扰时更深地倚靠上帝（12：7—9），积极预备好迎接更多的患难（12：10）。保罗很清楚一点，就是我们不该把基督徒在生活中经历软弱当做不寻常的事，倒要以此为满足甚至夸口（12：6，9—10，这里"夸口"的意思不是到处宣扬或高举自己，而是在适当的时候强调它是自己人生的一部分，是从上帝而来，并有重要的意义）。

至此，关于每个信徒都当追求的做门徒、灵命成熟及在恩典中长进是怎样的状态，保罗为我们做出了榜样。这个世界告诉我们，每个人都有权拥有轻松、舒适、免除痛苦的人生，一个让我们能发现、展示和发挥我们里面的所有才能的人生，但这是一个扭曲变形的真相。过高品质的生活不是基督的呼召，不是保罗的呼召，也不是我们这些二十一世纪信徒的呼召。对所有基督徒而言，更可能的反倒是，我们越跟随主，上帝越会让我们体会到软弱和痛苦，好让我们像保罗那样学会，当我们认识到自己软弱时——也只有如此——我们才能真正在主里刚强。这不正是我们想要的吗？你觉得呢？

第三章
基督与基督徒的奉献

钱能叫万事应心。

——《传道书》10：19

金钱陷阱

在《枭巢喋血战》（Maltese Falcon）这部经典犯罪片的结尾，一位警察盯着一个小金像，那是一个铅铸的赝品，真品是一只价值连城的镶满珠宝的猎鹰，一系列谋杀和伤害事件都因它而起。警察问："这是什么？"由亨弗莱·鲍嘉所饰演的侦探萨姆·斯佩德说出了那句著名的台

56 　词："梦幻的泡影。"这无疑是财富对堕落的人性所发出的各种诱惑的写照，本章也以此开篇。

金钱是什么？一种交换的媒介，一种资源，可以让你得到你想要的，有时则是帮你除掉你不想要的，它也是一种在你身处的圈子里获得权力和影响力的手段。许多人认为金钱让人着魔：拥有越多，越想拥有更多，越想靠它来开路，也越舍不得失去它。发财的白日梦让这些人仿佛患上心病。为什么会这样？因为这些人认为贫穷和资源的有限是软弱的表现，他们把财富当成稳定和力量的源泉。

我们已经发现，一遇到或真或假的各种让人软弱的情况，我们骄傲的心就会缩紧，并会赶紧去抓那些看上去强大的东西，包括财富。结果就是拜偶像：我们开始膜拜我们的投资、产业和银行的存款。而上帝——超越的、三位

57 　一体的主，一直为我们的救恩活泼做工的上帝——在我们给予忠诚和爱时只能退居次要地位。

耶稣看到了这一点，提醒我们防备它："你们不能又事奉上帝，又事奉玛门。"（太 6：24）"玛门"的原文是 *mamōna*，这是一个闪语词汇，不仅指金钱，更指金钱所能为我们带来的一切：物质、财产、利益、成就等等。还有一次，耶稣讲了一个财主的故事，故事里财主自言自语说："'你有许多财物积存，可作多年的费用，只管安安逸逸地吃喝快乐吧！'上帝却对他说：'无知的人哪，今夜必要你的灵魂，你所预备的要归谁呢？'"（路 12：19—20）

当那位年轻的官询问耶稣他做什么才能得着永生的时候，耶稣对他说："你还缺少一件：要变卖你一切所有的，分给穷人，就必有财宝在天上；你还要来跟从我。"（路18：22）耶稣的建议很具体，"与我的门徒一起跟随我走遍巴勒斯坦，靠人们的热心款待生活，而自己不名一文"——不幸的是，这种景况是这位年轻的官无法面对的，因为财富已经掌控了他的心。我们发现，保罗也以比喻来告诫人们小心金钱的陷阱，"但那些想要发财的人，就陷在迷惑、落在网罗和许多无知有害的私欲里，叫人沉在败坏和灭亡中。**贪财是万恶之根。**"（提前6：9—10）

那么，当我们基本的生存需要已经得到满足，而我们还有余钱在口袋里时；当我们发现自己嘴上说工作是为了谋生，是为了服事上帝和服务他人，但实际上却是在为自己赚钱时；当我们的生意获利丰厚、财源滚滚时，我们当怎样行？耶稣和保罗给出了同样的回答。要把这些钱用在上帝和上帝的子民身上而非用于自己；用这些金钱去拓展上帝的国度；用它们去帮助有需要的人。把自己看做一个管理者、一个管家，一个上帝基金的受托人，要为你的职分感到荣幸，同时也要全然忠于把钱财托付给你管理的上帝。

保罗指示提摩太说：

你要嘱咐那些今世富足的人，不要自高，也不要倚靠无定的钱财；只要倚靠那厚赐百物给我们享受的上帝。又

59　要嘱咐他们行善，在好事上富足，甘心施舍，乐意供给人，为自己积成美好的根基，预备将来，叫他们持定那真正的生命。（提前 6：17—19）

　　耶稣又清楚地教导我们，让我们切身思想那个聪明但不义的管家的比喻："要藉着那不义的钱财结交朋友（称之为不义的钱财是因着这个比喻当中管家靠诡计获得财利），到了钱财无用的时候（也就是它不能再为你做什么的时候，也就是你死以后），他们可以接你们到永存的帐幕里去。"（路 16：9）

　　据说，马丁·路德曾说，每个人都需要三重的归信：理性归信福音的真理；心灵归信耶稣为主和救主；还有就是把钱财归到基督的脚前。我倒不认为这句话一定是路德所说，但尽管如此，它也配称为是路德的教导。路德看问题总是能切中要害。他深知，除掉关涉到钱财的罪，是罪人的悔改中最困难的事之一。

60　　　今日的牧师们常告诉我们，在成为基督徒后，一般来说，最后一项被上帝更新的恩典所触碰的，乃是人们的钱包。在人们渐渐付出时间、恩赐和财宝给主时，让主掌管自己的财务总是发生得更晚、更慢，要养成这方面的习惯，也需要更长的时间，大概是因为内在的抗拒更强。

　　有一幅漫画我很喜欢，画面中一位妈妈正抱着一个大哭的婴儿跟朋友交谈，"孩子怎么了？""哦，他在长牙

（teething）。""那你丈夫又是怎么了？"（漫画的背景中，丈夫坐在长凳上，也张着嘴，痛苦的表情与婴儿如出一辙）"哦，他在做十一奉献（tithing）。"基督徒要过一生奉献的生活，从十一奉献做起，每年奉献收入的十分之一，这总是个好的开端，但不管牧师在讲台上如何鼓励，会众中总有人充耳不闻。慷慨的奉献与堕落的人心背道而驰，总是一桩苦事。

因此，当保罗定意要让他所建立的外邦人的教会为在耶路撒冷的犹太基督徒奉上一笔可观的捐项时，他一定早知道这是一个大胆的想法，他不确定能否募集到足够的数目，以表达希腊世界对在他们以先进入基督里的弟兄真实的爱心。这个想法实在是一项信心的冒险。

61

关于捐项

如今已经越来越清楚：基督徒的生活，本质上就是跟随上帝走一条软弱的路，在我们前行时，上帝会扶持和坚固我们的服事。在面对任务和关系时，那些明显超越我们的极限、没有上帝的帮助就不可能成功的选择，常是正确的选择，甚至是我们的呼召。在我们身处的景况中，我们经常是在上帝主权的护理下遭遇意料之外的难处，这些迫使我们重回主的面前寻求帮助，也叫我们的信心和忠心经受严峻的考验。无论是哪种方式，上帝都会让我们经历与基督同死同复活的洗礼，受洗时先浸入水中再起来的仪式正象征了这一点。这也证明了劳威廉（William Law）的话是何等准确和切中要害：

要伸出双手接受每样内外的难处，失望……黑暗……荒凉，把它们看作真正的机会和祝福，让我们向自己死，并与我们那舍己和受苦的救主进入更深的交通。

……除此之外，对任何内外的难处，都不要做他想；拒绝别样的观念；这样，每桩试炼和危难，都将造就你兴盛的一天。（《给牧者的谦卑诚挚的话》）①

劳威廉说的是，当环境的共谋让你落入软弱中时，基督却希望你能转向他而重新得力，正如保罗跟哥林多人讲述他面对自己肉体中的刺时所做的一样。在每个基督徒的人生和事奉中，软弱的确是出路。

有鉴于此，保罗写《哥林多后书》的另一个目的，可能也是保罗最具用意的目的，乃是确保当他抵达哥林多时，哥林多人能够预备好捐项让他带到耶路撒冷。叮嘱此事的 8 章和 9 章，则是这封书信真正的写作理由和中心。然而，保罗担心他的叮嘱不被当回事，一半是由于他的使

---

① *An Humble，Earnest，and Affectionate Address to the Clergy*（New-Bedford：Lindsey，1818），136 - 137.

徒职分业已受到哥林多人的质疑，一半是由于他担心哥林多会众对他已经感到生疏了，因为保罗曾严厉对待那个背道之人，并为此前往哥林多了解情况，也写了第一封严厉的书信，后来又决定取消之前定下再访哥林多的安排。

保罗担心，哥林多人会因此而认为他是一个轻狂、反复无常和自私自利的人，那个年代许多巡回教师也的确如此。或许，一旦到了紧要关头，他们这些生活在希腊一个贫困港口城市的外邦人在保罗心中就会变得无足轻重，只不过是他搜罗钱财让他的犹太同胞获益的摇钱树而已。如果保罗的担心真的变成现实，那哥林多人就不可能把保罗当作教会的创始牧者给予应有的尊重，保罗的担心完全可以理解。那么保罗是如何处理的呢？

他先尽力恢复哥林多人对他的信任和情谊，这最终占用了这封书信一半以上的篇幅，之后保罗才第一次提到捐项的事。而且，保罗先是用了两章的篇幅竭力劝勉哥林多人应当慷慨，然后第二次转换语气，以使徒的权柄和恢宏的见证提请哥林多人认真对待他信中的话，这样当他再见他们时，彼此之间就不会有任何不快了。但是，这封信从始至终都反映出，捐项一事对保罗而言是至关重要的。

为什么这笔捐项对保罗而言如此重要？因为，大约十年前，在耶路撒冷，雅各、彼得和约翰同意祝福和差派巴拿巴和保罗向外邦人宣教，"只是愿意我们记念穷人；这也是我本来热心去行的。"（加2：10）因此，这些年来，保罗

64

一直不忘自己当初的承诺，并筹划从他所创立的外邦人教会中为穷人筹集捐项。《哥林多前书》16：1—4 记载，保罗为此在主日设立了专项奉献。一年后，在《哥林多后书》8：10—11 中，保罗因他的受信人在此事上变得懒散和疏忽而温柔地予以责备，然后鼓励他们完成这项善工。从书信的这些内容可以看出，保罗认为，能够实现和完成在确立向外邦人宣教的使命时就设下的这一目标，是至关重要的。

就捐项一事，保罗说了什么来激发哥林多人重燃对此事的热诚呢？他的论点可以概括如下：

马其顿的众教会（希腊北部的腓立比人和帖撒罗尼迦人）虽然贫困，但在这件美事上的奉献之恩已经超越了哥林多人。保罗盼望，在诸多事上都很出众的哥林多人，也能与马其顿的教会比肩，甚至做得更好（8：1—7）。保罗在这里温柔地激励哥林多人采取行动。

保罗并非命令他们，而是期望他们能够借着奉献，显明他们对基督借着十架所带给他们的富足的感恩之情，这乃是实现他们先前的承诺，与他们富足的程度相称，而马其顿教会已经完成了这件善工（8：8—15）。保罗在此处想方设法鼓励哥林多人行动起来。

提多和另外两位教会领袖先于保罗到达哥林多，以确保保罗去的时候，捐项的事已经办理妥当。保罗已经跟马其顿的教会分享了哥林多人的承诺，且这次他前往哥林多，马其顿教会的人也可能会与保罗同往。事先办理妥当的话，就不至于到时让马其顿人看到哥林多教会并没有准备好捐项而造成尴尬。显然，保罗切望，收集捐项并送到耶路撒冷这件事的整个过程，在众人眼中始终都是平顺、诚实、正大光明的。他的担忧无可厚非。在那个时代，一个巡回教师收集奉献后卷款逃走并非难事；保罗和哥林多人都知道这一点，所以保罗希望彻底避免这一嫌疑（8：16—9：5）。因此，保罗在此处尽力除去可能拦阻哥林多人慷慨奉献的疑虑，并勉励他们全心全意地采取行动。

上帝因着他自己的美意，会赏赐那些在此事上慷慨和甘心奉献的人（9：6—11）。这里，保罗切实地鼓励哥林多人，身为信奉上帝的信实之人，要以实际行动表达他们的信心和盼望。

67

耶路撒冷的信徒将会对哥林多教会的慷慨奉献非常感激，这感激也会借着向上帝的感恩和祷告以及愿意与他们更深相交表达出来。这样，上帝因此就得着荣耀（9：11—14）。这里，保罗激励哥林多人，作为基督身体的一部分和忠心信靠上帝的人，应当如马其顿教会所做的那样，把自己奉献给上帝，也把心交给保罗，并采取神圣的行动。

保罗的呼吁应该是起到了效果，我们读到，后来保罗带着八位弟兄（《使徒行传》20：4列出了七位弟兄的姓名，第八位是《使徒行传》的作者路加），如期上到耶路撒冷，"弟兄们欢欢喜喜地接待我们"（徒21：17）。无疑，全部捐项都交到了当时的教会领袖手中。

奉献指南

"指南"（primer）一词，是指生活某个方面的入门知识，如怎样刷漆或掌握一门语言（七十五年前我开始学习拉丁文的入门教材就是修订版的《拉丁语指南》）。现在，我要把一个基督徒的奉献指南送给我的读者，《哥林多后书》8—9章是新约圣经中教导这一题目的主要经文，我的指南正是从这里总结出来的。

我们先看一下《哥林多后书》9章的经文，有关奉献的所有关键原则在这里一目了然：

论到供给圣徒的事，我不必写信给你们；因为我知道你们乐意的心，常对马其顿人夸奖你们，说亚该亚人预备好了，已经有一年了；并且你们的热心激动了许多人。但我打发那几位弟兄去，要叫你们照我的话预备妥当，免得我们在这事上夸奖你们的话落了空。万一有马其顿人与我同去，见你们没有预备，就叫我们所确信的，反成了羞愧；你们羞愧，更不用说了。因此，我想不得不求那几位弟兄先到你们那里去，把从前所应许的捐资预备妥当，就显出你们所捐的是出于乐意，不是出于勉强。

"少种的少收，多种的多收"，这话是真的。各人要随本心所酌定的，不要作难，不要勉强，因为捐得乐意的人是上帝所喜爱的。上帝能将各样的恩惠多多地加给你们，使你们凡事常常充足，能多行各样善事。如经上所记：

"他施舍钱财，周济贫穷；他的仁义存到永远。"

那赐种给撒种的，赐粮给人吃的，必多多加给你们种地的种子，又增添你们仁义的果子；叫你们凡事富足，可以多多施舍，就藉着我们使感谢归于上帝。因为办这供给的事，不但补圣徒的缺乏，而且叫许多人越发感谢上帝。他们从这供给的事上得了凭据，知道你们承认基督顺服他的福音，多多地捐钱给他们和众人，便将荣耀归与上帝。他们也因上帝极大的恩赐显在你们心里，就切切地想念你们，为你们祈祷。感谢上帝，因他有说不尽的恩赐。

70

借着本章的教导，我意欲回答四个问题：(1)何为基督徒的奉献？(2)基督徒为什么要奉献？(3)基督徒当如何奉献？(4)基督徒奉献的原则和实践，对我们理解"人的软弱靠着主和在主里变为刚强"这一问题有何启发？

何为基督徒的奉献？

我将从四个方面来回答这个问题。

1. 基督徒的奉献既是一项属灵恩赐，也是一项效法耶稣的属灵操练。什么是属灵恩赐？保罗以两个希腊文名词来形容一切属灵恩赐所共有的特性：一个词是 *charisma*，

意指活泼的、能传达信息的、救赎性的圣爱，在新约圣经
中称为 *charis*，我们称之为恩典（grace）；另一个词是
pneumatikon，指圣灵这一神圣的位格——新约中称为
hagion pneuma——所表达出的生命与能量。属灵恩赐，
也可以称之为恩典的礼物，本质上是教会中一种事奉的方
式，这种事奉方式能够荣耀基督，荣耀天父，建立别的信
徒，也建立自己，并能使教会作为一个整体更加有力和成
熟。有些恩赐属于超自然的能力，是基督超然赐下的；另
一些是自然的能力，但在每次运用的时候，都被内住的圣
灵重新引导、分别为圣并运用出来。因此，保罗曾显出的
医治的能力属于第一种类型的属灵恩赐，而他不断教导福
音真理的能力则属于第二种。奉献，就属于后一种属灵
恩赐。

保罗在《罗马书》12：6说："让我们按各人所得的不
同恩赐，加以运用。"[①] 接着保罗列举了各项恩赐，每次
都强调应当以最适当的方式运用这些恩赐。他所列举的有
说预言（即教导上帝的圣言）、执事、教导、劝化、治理
等。然后在8节保罗说："施舍的，就当慷慨。"[②] "施舍"
一词希腊文原意为"分享"，明确指金钱的分享，也即拥有

---

① 本处根据 NIV 圣经直译，和合本译为："按我们所得的恩赐，各有不同。"
——译者注
② 本处根据 NIV 圣经直译，和合本译为："施舍的，就当诚实。"——译者注

钱财的人给予和帮助穷困缺乏的人。"慷慨"（generosity）一词也包含一个重要意思——"真诚"（sincerity），保罗在这里使用这个词，或许是因为这个词也有"真诚地表达好意"的意思。

因此，施舍、分享以及用金钱帮助有需要的人，是一种属灵恩赐，慷慨奉献的人与为别人得医治而祷告的人或说方言的人一样，是靠着从上帝而来的恩典和能力。同时，奉献也是学做主耶稣门徒的一项属灵操练。属灵操练需要付出努力才能获得果效，要想做得好，需要不断操练，直到养成思维或行为习惯，并且往往也有一些特定的技巧。

基督徒的美德，包括慷慨在内，是基督教导、命令并亲自做出榜样的品质，是所有基督的门徒——即所有委身效法基督的人都当具备的品质（希腊文的门徒"disciple"一词，意为学习者）。从某种意义上说，所有的属灵恩赐都是作门徒的操练，如果我们未能过一个积极奉献的人生，只能说我们在亲近和跟随我们的主基督耶稣上太过软弱和缺乏操练——这也意味着我们急需做出改变。

2. 基督徒的奉献是对上帝钱财的管理。当我们认真思考基督徒的金钱管理时，无论是涉及购买日用品，支持宣教士，或是做产业投资好有钱度假，都必须首先明白一点：我们所管理的钱财不属我们，而是属上帝。是的，上帝把这些钱交给我们使用，但所有权乃是他的。我们现在

73

有权使用这些钱财，但总有一天我们必须为它们的用途向主交账。

"作好管家"一词正是此意，教会在提到这个词时，往往与奉献的操练有关。管家，就是主人把资财托付其管理的人。投资经理是管家：在一定意义上，他有权控制其客户的资产，但他的工作是理解并实施客户的意愿，并按照客户的喜好去使用这些资产。同理，信托经理也是管家：他的工作就是按照委派者的要求和目的，投资、看管和运用信托基金里的钱。

这个社会（圣经中称之为"世界"）认为个人的钱财都属他自己，个人可以随便使用。而圣经则把我们的钱财视为上帝的托付，应当为上帝的荣耀而使用。安立甘宗的《公祷书》所规定的圣餐仪式中，在收集给上帝的奉献时会宣读下面的话："凡天上地下的都是你的。万物都从你而来，我们把从你而得的献给你。"（来自《历代志上》29：11，14 的经文）这乃是圣经始终如一的态度。人们自认为属于自己的钱其实是上帝的；我们如同管家和受托人一般从上帝手中接受它们，因此也要学习为着上帝的荣耀而管理它们。

3. 基督徒的奉献是使用上帝的金钱来事奉。事奉就是服务；服务就是满足需要；需要就是不可或缺的事物。保罗把资助耶路撒冷穷人的计划称为"供给圣徒的事"（林后9：1），因为那些穷人缺乏生活必需品。马其顿众教会所从事的这项事工被保罗所称道，也被当作楷模，保罗又称他们的行为是直接从上帝而来的恩典。"……他们在患难中受大试炼的时候，仍有满足的快乐"——何等鲜明的一个对比！——"在极穷之间还格外显出他们乐捐的厚恩……他们是按着力量，而且也过了力量，自己甘心乐意地捐助，再三地求我们，准他们在这供给圣徒的恩情上有份。并且他们所做的，不但照我们所想望的，更照上帝的旨意先把自己献给主，又归附了我们。"（林后8：2—5）

奉献的事工有多重目的：传播福音，支持教会，照顾困苦中的个体（如耶稣的比喻中那个撒玛利亚人照顾被打得半死的犹太人）和与耶路撒冷的信徒一样贫困的群体。奉献的事工形式多样，但都是为了拓展上帝的国度，任何时候，基督的教导在哪里被尊崇，上帝的国度就在那里降临。不消说，上帝的所有子民都应参与这一事奉。

4. 基督徒的奉献是对属上帝的钱财的一种态度。管理和服事都需要有推动力和目标。态度，或说思维模式，是指一贯的做事原则，背后包含深切的愿望，也涉及动力和目标。基督徒的奉献，以取悦和荣耀上帝这一最高宗旨为唯一目的，绝不向那明显次好的妥协，从正反两方面来看，上帝要我们如此使用他所赐下的钱财。

耶稣在一个比喻中说，有一个仆人，主人给了他一千他连得的银子，他却只是将银子藏了起来，好等到主人回来后原封不动地还给主人；主人对这个仆人的评价是"又

76

恶又懒"、"无用"（太 25：14—30）。要想不止于次好或尚
可的程度，需要进取心和创造性的思想，圣经中对应的词
就是智慧。随意、无智慧地奉献的人，是次好的基督徒，
与一毛不拔或远低于自己能力的奉献没有差别。

77　　这就引出了一个问题：一个人奉献**多少**才对？特别
是，我们应当奉行十一奉献吗？有人把十一奉献看做是给
上帝交租：只要把十分之一给他，剩下的就是我自己的
了。但是错了，所有的都是上帝的，而且，新约圣经中从
未告诉基督徒要实行十一奉献。保罗告诉哥林多人的，不
是要他们按照十一奉献的比例筹集款项，而是说如果他
们慷慨地给上帝奉献，上帝也会慷慨地对待他们。

"少种的少收，多种的多收"，这话是真的……上帝能
将各样的恩惠多多地加给你们，使你们凡事常常充足，能
多行各样善事……叫你们凡事富足，可以多多施舍，就藉
着我们（因为奉献是通过我们送达）使感谢归于上帝……
他们……知道你们……多多地捐钱给他们和众人，便将荣
耀归与上帝。（林后9：6，8，11，13）

保罗对马其顿人"按着力量，而且也过了力量"(8：3)
78　奉献的赞赏，回答了"我们应该奉献多少才对"这个问
题，就是先轻松、不费力地奉献，然后若要证明你的热心
和忠心，就比这更多地奉献。

从耶稣对那位献出自己所有的穷寡妇的称赞，我们可以很自然地想到耶稣对这个问题的回答，并想到他也必向我们发出同样的挑战。约翰·卫斯理在教导他的同工"奉献你的全部"时，肯定也是这么想的。C.S.路易斯在接受采访并回答同样的问题时也说："要奉献到让你感到心疼的程度。"因着不断的奉献，卫斯理临死前几乎一无所有，据了解，C.S.路易斯私人奉献的数额也是非常可观的。

或许可以把操练十一奉献作为一个拐杖，直到我们习惯了这种超过我们旧有奉献数额的做法，但是之后我们就应当把这个拐杖丢在身后，因为我们应该已经习惯于奉献比十分之一更多的数目。当问及奉献的数额多少才合适时，我要说："天空才是它的极限"，智慧的答案就是："尽力去做吧。"

基督徒为什么要奉献？

虽然这个问题前面已经回答过了，但我认为还是有必要把前面的要点再整理一遍，圣经教师保罗的这封书信，是从 Be-attitudes（基督徒应有的生活态度）的角度阐释基督所讲的"八福"（Beatitudes）——基督徒生活的宪章，使之成为基督徒生活的指导和根据。下面即是基督徒应有的四种生活态度，它们是我对本节小标题所提问题的回答。

1. 对恩慈的上帝表示感激。有人说，恩典是新约圣经的教义，感恩是新约圣经的道德——也即当有的行为，这话不错。激发感恩的，既有我们头脑中对基督恩典的认识，也有这恩典在我们心灵中所彰显的能力，而基督永远都是焦点。"你们知道我们主耶稣基督的恩典：他本来富足，却为你们成了贫穷，叫你们因他的贫穷，可以成为富足。"（林后 8：9）给上帝的奉献，是对难以置信的恩典所怀无尽感激的表达。

80　　**2. 对有需要的邻舍慷慨相助。**如果有人在别人遇到难处时慷慨解囊，我们可以按照耶稣那个故事中的描述，称这人是一个"好撒玛利亚人"（Samaritanship）。但我们不应忘记，耶稣讲这个故事是要回答"谁是我的邻舍?"这个问题。耶稣的答案是，每个你所遇到的人，就是你的邻舍，你一旦看见他的需要，就要尽力去帮助他。毕竟，基督徒的存在，不是为了对人指手画脚，而是为了爱，而爱则不是单纯说说，乃是要有行动。

3. 对你的救主基督耶稣全心跟随。你应模仿你的主的生活模式。多年前曾流行把耶稣称作"为他人而活的人"。当然他不只是这样一个人，但也绝对是这样一个人。奉献自己，也就是把自己全部的力量和资源都投入到为他人的服务中，这诚然是耶稣身上的标记，也应当成为我们的标记。我们宣称要做基督的门徒，就要说到做到，而且，要想杜绝圣经中记载的亚拿尼亚和撒非喇式的伪善，我们就必须奉献，为主的缘故敞开分享，无论我们有什么样的财富。

4. 做一个荣耀上帝的人。要为他给予你的一切而赞美、荣耀和感谢他。要像保罗那样，筹划、做事和奉献的目的都是让其他人能对上帝发出感谢和赞美。因此要尽力激励他人，让他们像你一样感激和敬拜上帝。慷慨的奉献尤其能取得这样的果效，如同别人在我们身上所看到的各种专心的顺服和事奉一样。

保罗尽力组织和实施筹款，并负责把捐项带到耶路撒冷，但他所求的不是对他个人的赞誉。他想看到的，是所有参与其中的人都能够感恩并由此荣耀上帝。保罗说——他的语气稍显生硬，这反映出他知道他所推动的这个事业是多么敏感——哥林多人的慷慨奉献乃是：

叫你们凡事富足，可以多多施舍，就藉着我们（提议奉献并把捐项带到耶路撒冷的人）使感谢归于上帝。因为办这供给的事，不但补圣徒的缺乏，而且叫许多人越发感谢上帝。他们（耶路撒冷信徒）从这供给的事上得了凭据，知道你们（按照保罗所说，承认他们的需要）承认基督，顺服他的福音，多多地捐钱给他们和众人，便将荣耀归与上帝。（林后 9：11—13）

81

82

只要把这四个应有的态度谨记于心，就能让我们胜过我们心中那个最吝啬的自我。

保罗在这一章末尾说："感谢上帝，因他有说不尽的恩赐！"（9：15）这里所说的"恩赐"应该包括耶稣基督成为我们的救主，以及让我们能与哥林多人一起参与到"真诚奉献—感恩—荣耀上帝的团契"这个连锁反应中的情形，其中，能参与荣耀上帝的团契本身，就已经是一个使我们的生命更加丰盛的宝贵机会了。

基督徒应当如何奉献？

基督徒在奉献时应该注意哪些态度方面的问题？我们来查考保罗给出的五个要点。

1. 奉献应当是自愿的。应当避免压力之下或者一拥而上、仓促甚至不情愿的奉献。应当给人足够的空间认真考虑，让人所采取的行动是出于审慎的判断，确定这么做是必要的，推动了上帝国度的拓展，并且从始至终都是出于自愿。

在书信中保罗解释了他派三个同工在他之前前往哥林多教会的原因，就是"要叫你们……把从前所应许的捐资预备妥当，就显出你们所捐的是出于乐意，不是出于勉强"（9：3—5）。希腊文的"勉强"一词，常用来形容贪心和胁迫人们做不甘心的奉献。保罗不希望任何人捐得

83

勉强，只因受到保罗催逼才不得不给，因而保罗要彻底消除这种可能性。"各人要随本心所酌定的，不要作难，不要勉强，因为捐得乐意的人是上帝所喜爱的。"（9：7）——如果奉献的人巴不得自己能不奉献，他就不可能是捐得乐意的。

2. 奉献应当是乐意的。"捐得乐意的人是上帝所喜爱的。"这样的乐意之心从何而来？下一句经文给出了答案："上帝能将各样的恩惠多多地加给你们，使你们凡事常常充足，能多行各样善事。"（9：8）那些尽己力慷慨奉献的人，因确信上帝将来会保守他们而心意坚定，这样，他们奉献以及之后回顾自己的所行时，心中都会涌起喜乐。他们的所行，既表达了对上帝过往恩典的感恩，也表现出对上帝未来信实的信心，上帝赐给他们喜乐的心感受到他的爱，以激励他们这样的心态和行为，也是不足为怪的。读者们，如果你们肯亲自尝试一下，我相信你们一定会惊讶地发现，自己极其欢喜快乐。

3. 奉献应当经过深思熟虑。奉献应当事先筹划和考虑清楚，应当把自己现有的财务责任都考虑在内。奉献的额度不应不切实际而变成不负责任的行为，就像耶稣在《马可福音》7：9—13 责备法利赛人借着宗教责任逃避自己当尽的义务一般。保罗写道："因为人若有愿做的心，必蒙悦纳，乃是照他所有的，并不是照他所无的。"（8：12）保罗赞同的是在考虑现实之后，心里仍然愿意奉献。

84

85

4. 奉献应当智慧地办理。保罗坚持与这笔捐项有关的每个环节都必须是公开透明的，这显然是审慎的智慧。保罗曾向马其顿人夸奖哥林多人乐意奉献的心志，如果乐意奉献的马其顿人最终发现哥林多人并没有预备妥当（9：2—5），不仅保罗会为此羞愧，哥林多人自己也会羞愧，因此保罗要尽力确保这种情况不会发生。保罗明白，基督徒之间的团契和交通，需要双方在彼此的关系中做到三点：要信任他人，要被别人所信任，自己也要配得被信任。在这方面，保罗无疑是我们的楷模。

86　　　　**5. 奉献应当尽可能合作完成。**当人们为着一个共同的目的（如保罗发起的捐项，或某教会的事工预算，或某个社区项目）而捐款时，应当遵照保罗所讲的公平参与的原则：所谓的公平，不是每个人都要奉献同样的数额，而是所有人都尽一己之力，彼此帮助，以达成目标（8：10—15）。事实表明，按照这一原则公平参与的奉献，会使团契关系大大加深。

（需要留意的是，保罗在讲到公平参与的观点时措辞小心而婉转，如履薄冰。这无疑是因为，保罗知道哥林多人已经或者很快就会了解到，他们一年前所承诺的数额，比马其顿人奉献的数额要大得多，而保罗曾为马其顿人的竭力奉献而大大夸赞他们。保罗急切地想要避免哥林多人生出攀比的心或优越感，这会令他们无法把奉献看做整个基督徒团契共同投入的事工而热心参与其中。）

金钱与软弱的关系

我之前已力图证明，软弱之道乃是基督徒当走的人生道路，而以上所述又与此有什么关系呢？

我们在本章开篇看到，堕落的人性赋予金钱失当、过度的价值，人们把自己的投资和银行存款作为安全感、社会地位、重要程度、别人的尊重以及社会影响力的终极源头。在这个世界上，好像富人才有价值而穷人则没有价值，许多基督徒似乎也接受了这种观点。所以，他们资财越多、年岁越长，就越难冒险——为基督教事工慷慨奉献——在世人眼中这当然是冒险。基督徒越富有，奉献反而越少，这令人尴尬，但事实却往往如此。

然而，软弱的意思是人没有能力掌控自己的人生，无论是人际关系、外在环境、财务还是健康，无不如此，今天的文化中所充斥的各种养生和治疗手段都于事无补，只要这个世界存在一天，软弱和无力感都将如影随形。我们的主耶稣基督，在他事奉年间一直过着贫穷的生活，被人鄙视和拒绝，正如以赛亚所说，他"因软弱被钉在十字架上"（林后 13：4）。这让我们看见，我们作为耶稣的门徒，应当预备自己走一条怎样的人生道路。保罗倚靠复活的基督，在软弱中得着刚强，这给我们做出了榜样。但是，与保罗一样，我们的软弱并不一定会消失，如果我们以为有了钱就能避免软弱，我们就是在自欺，反倒让自己更软弱。真理乃是，我们都蒙召要学习耶稣和保罗所教导的属天的金钱管理和基督徒奉献的原则，对于带领我们开始学习这项功课的《哥林多后书》8章和9章，我们应当心存感恩。

第四章
基督与基督徒的盼望

　　愿颂赞归与我们主耶稣基督的父上帝，他曾照自己的大怜悯，藉耶稣基督从死里复活，重生了我们，叫我们有活泼的盼望，可以得着不能朽坏、不能玷污、不能衰残、为你们存留在天上的基业。

——《彼得前书》1: 3—4

盼望的追寻

　　"哪里有生命，那里就有盼望。"诚然如此。但更深刻的说法是："哪里有盼望，那里就有生命。"人类是盼望的

90　　　存在，我们很大程度上是活在期待中，为那些我们知道终
将实现的事物而活。当希望之光湮灭，生活就会降格为单
纯的生存，这远非人生应有的光景。我们应当看清这一
现实。

　　我小时候就读的一所男校，乃是英格兰教育的精华与
典范，教师如群星璀璨，但其中最出色的学者则是校长，
我们背地里都叫他比尔。即便是在牛津大学学习希腊文和
拉丁文时，我也未曾遇到一个能跟比尔比肩、或者学识能
如比尔一半渊博的人。比尔是一位教士的儿子，但后来离
开信仰，成了一名佛教徒。

　　许多年之后，我偶然与当时的老师聊起比尔，据我所
知，那时他已退休，大概刚过九十岁的样子。这位老师刚
刚拜访过比尔，他这样回答我的问题（我几乎一字不落地
记下来）："他很低落。我问他最近在做些什么，他所说的
只有一句，'等待终局。'"想到盛年之时比尔锐不可当的
样子，我为他深感难过。我们知道，佛教不会给人盼望。
所以，这位长寿的老人，曾经才华横溢，但随着岁月的流
逝，生命没有更绚烂，反而枯萎了。人所能盼望的最好结
局就是如此吗？

91　　　亚历山大·蒲柏（Alexander Pope）曾以他所惯有的
凌人之气宣称："盼望在人胸中激发出永恒。"但事实不尽
如此。在人们年轻的时候，自发的盼望确实可以给人前进
的动力。孩子们盼着长大以后能做这做那；青少年盼着自

己有点积蓄后能出去走走看看；新婚夫妇盼着能有一份好的收入、一个好的住所，以及聪明健康的孩子；事业有成和生活稳定的夫妻则盼着孩子们长大和独立的那天，到时他们就可以坐着游船到世界各地去观光。但是，然后又怎样？总有一天，那些已经和即将老去的人们会意识到，他们想做的，都已经努力做了，而今剩下未做的则永远遥不可及（如人们常说的"人生苦短"）。

但是，生活还在继续。今天，人们的寿命比过去更长，而长寿所带来的，往往是无趣无聊，让人不免发现，所谓的美好人生就是一成不变的一日三餐、看电视加睡觉。当身体日渐衰残、心智日渐昏乱，老龄的人生如何能更好、更丰富，这是世俗的社会学理论所不能回答的问题。

但是，圣经里似乎有答案。

义人的路好像黎明的光，越照越明，直到日午。

（箴4：18）

上帝啊，我到年老发白的时候，

求你不要离弃我！

等我将你的能力指示下代，

将你的大能指示后世的人。

（诗71：18）

摩西的事奉开始于八十岁之际。是什么造成了这种反

92

差？圣经所给的是怎样一种世俗的理论所不能企及的道理？如果用一个词来说，圣经的道理就是"盼望"：不是在黑暗中靠着吹口哨给自己壮胆的那种虚弱的盼望，而是对未来怀着强烈的确信，因为这个未来是上帝自己所承诺的。这种盼望在宗教和哲学领域都是独有的。哲学家康德说，"我的盼望是什么"是对一个人而言最重要的问题之一，但康德自己也没有给出答案。

93

然而圣经却直截了当地谈到这个问题，在那些属基督的人眼前，圣经展示了一个今世无法企及的终局，如万花筒般奇妙、丰富和令人愉悦，圣经称之为"荣耀"。这个终局伟大非凡、激动人心，新约作者们对此都有着一致的看见。就像孩子们盼着什么重大和激动人心的事发生时——比如全家一起去度假——都会在事前格外小心翼翼一样，基督的忠心门徒所盼望的美好未来无疑让保罗面对一切艰难经历时——保罗在《哥林多后书》中有所提及——都能持守使徒的职分。

那么，新约作者们作为一个整体，以及主耶稣自己，是否希望上帝所应许的这一未来在所有基督徒心中带来兴奋、敬畏、惊奇和喜乐呢？答案是坚定的"是"。因此，下面我们要探讨的就是这个盼望，这个生发出应许的盼望。

这把我们带到我们将要集中查考的经文——《哥林多后书》4：5—5：8。这段经文如下：

我们原不是传自己，乃是传基督耶稣为主，并且自己　94
因耶稣作你们的仆人。那吩咐光从黑暗里照出来的上帝，
已经照在我们心里，叫我们得知上帝荣耀的光显在耶稣基
督的面上。

我们有这宝贝放在瓦器里，要显明这莫大的能力是出
于上帝，不是出于我们。我们四面受敌，却不被困住；心
里作难，却不至失望；遭逼迫，却不被丢弃；打倒了，却
不至死亡。身上常带着耶稣的死，使耶稣的生也显明在我
们身上。因为我们这活着的人是常为耶稣被交于死地，使
耶稣的生在我们这必死的身上显明出来。这样看来，死是
在我们身上发动，生却在你们身上发动。但我们既有信心，
正如经上记着说："我因信，所以如此说话。"我们也信，
所以也说话。自己知道那叫主耶稣复活的，也必叫我们与
耶稣一同复活，并且叫我们与你们一同站在他面前。凡事
都是为你们，好叫恩惠因人多越发加增，感谢格外显多，
以致荣耀归与上帝。

所以，我们不丧胆。外体虽然毁坏，内心却一天新似　95
一天。我们这至暂至轻的苦楚，要为我们成就极重无比、
永远的荣耀。原来我们不是顾念所见的，乃是顾念所不见
的；因为所见的是暂时的，所不见的是永远的。

我们原知道，我们这地上的帐棚若拆毁了，必得上帝
所造，不是人手所造，在天上永存的房屋。我们在这帐棚
里叹息，深想得那从天上来的房屋，好像穿上衣服；倘若

穿上，被遇见的时候就不至于赤身了。我们在这帐棚里叹息劳苦，并非愿意脱下这个，乃是愿意穿上那个，好叫这必死的被生命吞灭了。为此，培植我们的就是上帝，他又赐给我们圣灵作凭据。

所以，我们时常坦然无惧，并且晓得我们住在身内，便与主相离。因我们行事为人是凭着信心，不是凭着眼见。我们坦然无惧，是更愿意离开身体与主同住。

在软弱中欢欣

这段经文乃至整封书信让我们注意到的第一件事就是，它是那样地欢欣。《哥林多后书》让我们看到，保罗似乎处在最困顿的处境——内心充满牧者的焦灼，压力巨大，遭受毫不留情的谴责和反对，被冷脸相向，心中充满痛苦，因为他所了解、所惧怕和担心的对他的诽谤和议论，正在这间喧闹的哥林多教会里发生。我们原本以为，他与哥林多人这种关系上的困境会让他感到气恼，跟他们说话的时候也会变得疏远和自我防卫。但事实并非如此，谴责没有让保罗崩溃或低落，他牧者的热情没有冷却，对未来的盼望，无论是此时还是后来，无论他在谈论什么，都从字里行间涌流而出。整封书信都以令人敬畏的态势展示出一种不能被止息的爱和不能被摧毁的盼望。这里，我们特别要关注的是保罗的盼望。

　　近来的学术研究注意到，圣经作者特别喜欢运用"内容钥节法"（bookending），也就是在讨论一个特定的题目时，在开篇和结尾都做一特别陈述，来呼应中间的文字中所表达的观点，开篇的陈述用于引介随后的内容，而结尾的陈述则作为结论（在分章和分段的做法还没有出现的时代，这样做可以很方便地区分不同的内容单元。而这也符合人在口语交流中的习惯。当我们要讨论某个复杂而沉重的话题时，我们会先介绍我们的主旨，然后开始逐项阐释，最后再以一个总结性的陈词把先前分项阐述的论点做一综述。这也解释了为什么以跳读的方式——也就是只读每一段的第一句和最后一句——常常可以了解一本书的精髓）。

　　下面我们来查考一下把《哥林多后书》的核心信息夹在当中的开篇和结尾的钥节（请允许我在这里说明：12：11—13：14是保罗就自己即将访问哥林多的事宜而特意亲笔加上的后记，与他在口述这封书信之前就规划好的书信内容没有紧密关系。在这一点上，这段经文与《罗马书》15：14—16：27的情况类似，也是结尾钥节之后的附加内容）。这是开篇的钥节：

　　愿颂赞归与我们的主耶稣基督的父上帝，就是发慈悲的父，赐各样安慰的上帝。我们在一切患难中，他就安慰

97

98

我们，叫我们能用上帝所赐的安慰去安慰那遭各样患难的人。（林后 1：3—4）

　　这一陈述的语气比表面看上去的要强很多，因为既可作为名词又可作为动词的"comfort"（安慰）一词，如今已经丧失了它的大部分含义。在十六世纪出现的英文译本中，当选用这个词的时候，它可以传达出希腊文中对应的动词的意思，即通过鼓励使人力量更新。但在今天，"comfort"仅指某种方式的缓和，让人感到舒服，让疼痛得到缓解，因此很容易错失保罗话语中的分量。在这里，保罗因上帝作我们力量的不竭泉源，让我们在任何境况中都能得胜而赞美上帝，保罗想让哥林多人放心，尽管他们可能认为他被打倒了，但实际上并非如此。

　　接下来是《哥林多后书》12：9—10 的结束钥节：

　　他（基督）对我说："我的恩典够你用的，因为我的能力是在人的软弱上显得完全。"所以，我更喜欢夸自己的软弱，好叫基督的能力覆庇我。我为基督的缘故，就以软弱、凌辱、急难、逼迫、困苦为可喜乐的；因我什么时候软弱，什么时候就刚强了。

　　欢欣鼓舞吗？是的——无比欢欣鼓舞。并且，到此已清楚显明，在两段钥节之间的正文中，每个主题都充满这

99

种欢欣的情绪。虽然保罗是在极困难的景况下写作此封书信的，其难处比我们在保罗所有其他书信中看到的都更为严重，但保罗却没有落入自怜之中，也没有流露出消极悲观的态度，而是流露出面对一切难处时在基督里都必将得胜的信念。他宣告并确信，在此生的旅程终结时他定将迎来荣耀的盼望。正是他心中这个对未来的盼望——如班扬笔下的永不退缩先生（Mr. Stand-fast）所说，像在心底燃烧的炭火一样——决定了他面对眼前一切压力时的态度，我们下面将清楚看到这一点。

100

超然的人生

我们在《哥林多后书》4：7看到了保罗的想法。从第3章起，保罗说话时都是以他本人和他的同工的名义，这里，他把上帝的仆人所有的"宝贝"与装宝贝的"瓦器"加以对照。这宝贝就是在耶稣基督这位全地的主面前对上帝荣耀的所有认识，瓦器则是他们那脆弱的身体，有可能经历各样的软弱、疼痛、衰残和困苦。接下来，在4：8—10，保罗谈到他们的事工当中一直存在的三个困难中的第一个困难（另外两个困难，一个在6章另一处论到"我们"的段落中提及，一个在11章保罗以第一人称单数的口吻提及）。

在7节中，保罗说到，上帝要在这一切的事上——他们满有果效的事奉——显明那"莫大的能力"乃是出于上帝，而非他们自己，然后在 10—11 节保罗又告诉我们，这能力的本质，乃是基督那复活的生命。他说，那为福音而事奉的人，身上带着耶稣在十字架上所经受的死亡（本处表达这个意思的希腊文原文是一个不寻常的词）。

基督死亡的经历是怎样的？痛苦、精疲力竭、饱受讥诮和鄙视；其间的折磨会让任何普通人渴望快点死去好结束这一切。但是保罗说，尽管令人感到困难的外部因素仍旧存在，但基督的信使们靠着内在的每日更新，仍旧坚持着并精神饱满，动力十足。因此，"死是在我们身上发动，生却在你们身上发动。"（4：12）然而，最后，"那叫主耶稣复活的，也必叫我们与耶稣一同复活，并且叫我们与你们一同站在他面前。凡事都是为你们"，好叫你们参与到不断壮大的感恩大合唱中，为所受的恩典而感恩，能够感恩本身也是出于恩典，将"荣耀归于上帝"（4：14—15）。

同时，无论事奉多么艰辛，"我们"也"不丧胆"（4：16 上半节）。"我们"总是"坦然无惧"（5：6，8）。当我们那外在的、别人眼中的自我（那个世界所认识、或说自以为认识的我）日渐衰残，我们内在的自我（乃是我们自己所知道、也为上帝所知的自我）"却一天新似一天。我们这至暂至轻的苦楚，要为我们成就极重无比、永远的荣耀"（林后 4：16—17）。我们是在回家的路上，那是一个荣耀的居所。默想那份荣耀，就算我们所能想象的很有

101

102

限，也会让我们的心智抵抗软弱的影响，保守我们不被拖入自怜、绝望、痛苦、敌对、失望、孤立、轻视、误解之中——否则包括这些在内的各种苦难，很容易就会影响我们。

基督的仆人在任何境况下都会一直不断努力。这个世界看到后会奇怪，他们得以如此行的力量是从哪里来的，不过外界的疑惑并不会影响他们。推动他们前进的是从他们的盼望所产生的力量，因为他们"不是顾念所见的，乃是顾念所不见的；因为所见的是暂时的，所不见的是永远的"（林后4：18）。

施恩的上帝正是如此借着恩典使所有因信而进入基督里面的人，超越自然的、被肉身所限制的、有限的生命，靠着圣灵与他联合，得着无尽的能力和喜乐。上帝所教导我们的盼望，生出上帝所赐的力量。作为人，我们是软弱的，但在主里，我们是刚强的。对两千年前的使徒和他的同工而言如此，对今天的你我而言也可以如此。

103

荣耀

保罗说明，超然的人生有一个印记，就是**荣耀**的彰显——或许我应当说是**多重的荣耀**，因为用在这部分书信中的"荣耀"一词，与出现在圣经中其他部分时一样，具有三重独立而又相关的意思。这个词的希伯来文词根，一是指重量，二是指一种沉甸甸的感觉，三是指因此而产生的庄重和尊严感，这几重意思全部包含在内。

"荣耀"首先是指上帝所彰显的、或说是上帝向我们所表明的、他自我彰显的活泼同在，让我们可以耳闻、眼见。在旧约时代，荣耀的出现是有标志的，主要有两种，一种是炫目的白光，如同日光一般，如摩西与上帝同在之后脸上所发出来的光芒（林后 3：13）；另一种是上帝的大宝座，像以赛亚和以西结所见到的（见《以赛亚书》6 章和《以西结书》1 章）。相比之下，在新约中，那令人敬畏的荣耀，则是显现在道成肉身的主耶稣基督的位格中和脸上（希腊文原文兼具这两重意思。林后 4：6；见约1：14；17：5，24）。

其次，"荣耀"是指敬虔的人所献给上帝的，或说，荣耀是敬虔人对上帝的赞美，因为上帝向他们显出他是配得赞美的。《哥林多后书》4：15 的这个词就是此意。这第一重和第二重的意思，在典型的安立甘宗圣餐礼拜中都有所体现，礼拜中人们会按照《公祷书》宣告："天地间都充满**荣耀。荣耀**属你，哦，至高之主。"耶稣所教导的最大的诫命——尽心、尽性、尽力、尽意爱上帝，其基本的方面，就是赞美那配得赞美的，尊崇那配得尊崇的。

"荣耀"的第三重意思是从第一重引申而来的，指上帝那不断更新我们的工作，使"我们众人既然……得以看见主的荣光……就变成主的形状，荣上加荣"（林后 3：

18）。这荣耀是上帝**赐给**他永约中的儿女的，这些人对基督有活泼的信心，并与基督联合，铸就品格并培养习惯的圣灵，如今内住在他们心中。虽然是超自然的工作，但这种改变不是发生在肉体的生命当中；它所蕴含的，是"圣灵所结的果子，就是仁爱、喜乐、和平、忍耐、恩慈、良善、信实、温柔、节制"（加5：22—23）。圣灵特意放在他们心中的，是把耶稣那样的道德品质实现在自己生命中的渴望和习惯，而这正是"学像基督"这个词最重要的含义。

这一过程实际上是与基督一同得荣耀的第一阶段，基督已经得了荣耀，上帝预定我们这些信他的人也将得着荣耀（见罗8：17，30）。我们里面越来越像基督的品格塑造过程，是一个超自然的过程，与此相同，我们能够逐渐认识到这一点、认识到上帝在我们生命中还要成就的工作，这也是一个超自然的过程。这个过程是上帝的灵借着上帝的话语所发动的，让我们认识到我们每一个人都是一件还未完成的作品，因为"这至暂至轻的苦楚，要为我们成就极重无比、永远的荣耀"（林后4：17）。并且我们进一步认识到，在我们不"顾念（英文译作 look，这个词的希腊原文有"一直凝视"的意思）所见的、乃是顾念所不见"的事之时，这一重塑我们的恩典的工作就向前推进，"因为所见的是暂时的，所不见的是永远的"（18节）。借着这样的"顾念"，我们的生活具备了最完全的意义。

保罗让我们竭力去凝视现今不可见的事，这听起来自相矛盾，但是显然，保罗这样讲的目的，就是让我们能够铭记他的教导——透过心智和属灵的操练不断默想我们那荣耀的盼望。他知道，这样做，可以最好地帮助基督徒的心思意念朝向正确的方向——前方，这样我们的盼望就可以充满我们的视域，通过紧紧抓住这个我们力量的源头来对抗我们的软弱，我们就可以一直努力前进，心怀盼望地走过人生路；与罗伯特·史蒂文森（Robert Louis Stevenson）① 的思想不同，这将是人所能想象的最快乐的事。

107

盼望成为现实

那么，我们究竟应当盼望什么？《哥林多后书》5：1—8 为我们描述了所望之事的画面，这一盼望将足以抵消我们对"至暂至轻的苦楚"——体弱多病，肢体残障，疼痛；心智、记忆、关系和个人处境的每况愈下；还有羞辱，残酷，不一而足的记忆。这一盼望会令我们充满奇妙的喜乐，发现原来每件事都可以如此美好。保罗说，我们会有一个崭新的住处，新的衣服，在天家与我们的主一起生活。这听上去奇妙无比，事实上也会是如此。在我们接

---

① 罗伯特·路易斯·史蒂文森（1850—1894），苏格兰随笔作家，小说家，诗人，新浪漫主义代表，以探险小说闻名，代表作有《金银岛》、《化身博士》、《诱拐》等。——译者注

近本书尾声时，让我们定睛于此。

首先，要注意保罗所讲信息的**确定性**。保罗说："我们原知道。"（5：1）怎么知道？当然是从耶稣的话得知，此外，我猜测也是通过保罗所接受的直接的启示而得知。在 12：7 使徒保罗提到他"所得的启示甚大"；我无法证明，但猜测保罗在 5：1—8 让我们所确信的内容与这些启示有关。我下面所谈的也是基于这一猜测。

其次，要注意保罗所确信的**内容**。

1. 我们会得着新的居所。保罗通过谈论身体来揭示 108
每个基督徒的盼望，他说，我们会得到一个更好的身体。我们知道，人类是依附于身体的灵魂的存在——每个人都有一个身体，我们居于其内。我们的身体有三个作用：一是让我们能够通过视、听、触、嗅来经历现实世界并以各种情感做出回应；二是让我们通过面部表情、语音语调、手部动作、姿势变化来表达我们的内心世界；三是让我们可以享受，因为所有人生的基本乐趣，吃、喝以及各种甜美的感受，都是通过我们的身体去感知的。柏拉图所梦想的那种没有身体、只有精神享受的人生，会比我们现在所拥有的基于身体的人生贫乏得多。

然而也有不利的一面。保罗的职业是织帐篷，因此他自然地把我们现在所居住的身体看作是一个帐篷——临时的居所。但是，保罗是生活于公元一世纪的文明人，在他 109
不旅行的时候，他住在城镇中建立和牧养教会，所以也不奇怪保罗会把为我们存留的那个更好的身体比喻为房屋而非帐篷——一个永久、高品质的居所，上帝已经应许，终有一天他会带我们到那里去。帐篷是一个非常简易的居所。它不够严密，会被雨水打湿和漏雨，无法完全阻挡酷热或严寒，尘土吹进来，地上会变得泥泞，让露营的人难免脏兮兮的。

我曾经在一个帐篷里露营（如今的人们大都有此经历吧），那种经历我很不喜欢，虽然我知道大部分人都跟我不一样，他们喜欢露营，至少喜欢偶尔为之。但如果让人们选择长期居住的地方，所有人都会选择房屋（保罗如此假设，我们也相信他是正确的），也就是没有帐篷生活的局限和不便的所在。

保罗（两次！分别在 5：2 和 5：4）说我们居住在身体的帐篷里，难免叹息劳苦，因为当我们逐渐老去，各种病患与不适都会找上门来，我们受到的限制会与日俱增，事实的确如此，我们也都能感觉到。我们的叹息，一方面表达了对将来的身体这个居所的渴望，另一方面也表达了我们深切的挫败感（我们感到"沉重"），因为心有余而力不足，也为着出现在我们生活中的各种难以面对的情形（《哥林多后书》5 章开篇的内容无疑是保罗在 4：7—18 所说的"身上常常带着耶稣的死"这一见证的延续。分享这一见证，一定激起了他对天家之喜乐的强烈渴望。后面紧跟着的鲜活跳跃的经文似乎印证了这一点。然而，保罗虽然通篇是以"我们"、"我们的"做主语和宾语，他却是指着所有的基督徒说的，至少到 10 节都是如此)。

2. 我们会得着新的衣服。当保罗谈到等待他和他的读者的前景时，他的某些用词令人惊讶。首先，他说到他的帐篷可能被"毁坏"(林后 5：1)。这说明，保罗知道，旅途艰辛，四面受敌，肉体那根刺如影随形，这些都让他处于危险当中，随时可能丧命。保罗知道，我们也知道，死亡随时可能临到任何信徒身上。我们每个人都需要随时做好离世的准备，只有这样我们才能好好生活。

接着，3 节和 4 节，我们发现保罗并不接受这种观念：我们既然已经跟自己的身体说了再见，就将永远处在"赤身"或"衣不蔽体"的缺损状态。我们不希望是这样，实情也不是这样。相反，等待我们的，乃是一个新"家"——一个"上帝所造、不是人手所造、在天上永存的房屋"(5：1)。我们会"穿上"这个新的房屋，就像人在衣服外面披上一件袍子(例如那种冷天外出时穿的外套)。这样，我们就不至于"赤身"，而是会穿上上帝为我们预备的；这样"必死的"就"被生命吞灭了"(5：4)。

这些比喻交织在一起，看似难以把握，但基本意思很清楚。上帝把我们放进复活的身体，这将涉及哪些工作，我们现在还无法想象，但无论怎样，我们都不会缺损，而是会丰盛。它不会令我们沮丧，乃是让我们倍感充实完全。并且我们现在已处在实现的过程中。"为此，培植我

111

112

们的就是上帝，他又赐给我们圣灵作凭据。"（5：5）圣灵在我们的心灵和生命中那带着更新能力的同在（见3：18），就是凭据，上帝借此使我们确信，这一"穿上"（一个圣经学者称之为"套上"）必定会发生。

到了这一步，如我们之前提到的，保罗开始为自己牧者的职分申辩；他的思维不再处于教导模式，在他所勾勒的未来中，他也没有把我们希望知道的所有情形都告诉我们。特别是，他没有回答，这一"穿上"是在死时即刻发生，还是上帝定意让从使徒起首的所有基督徒等待，等到基督第二次公开降临、全世界都要复活之时？保罗在4：14似乎暗示了可能是后者，但这样就产生一个问题：那处在我们的死亡和复活这两者之间的生命又是怎样的状态？对这个问题我们恐怕所知甚少。上帝没有告诉我们的，我们就无从知道。

然而，与此相关的一个要点我们已经清楚了，就是无论处在哪个状态，我们都不会因为离开我们的身体而经受任何失丧或剥夺的感觉。紧接着第二个要点乃是，自我们死的那一刻起，我们就将与主耶稣基督同在。这乃是保罗所盼望的事。"我们住在身内，便与主相离……我们……更愿意离开身体与主同住。"（5：6，8）所有的信徒都当如此相信，因为无论我们如何年老多病，想到我们与耶稣同在的未来，都会给我们的心带来刚强和喜乐。坐在宝座上的耶稣，会确保这一切的发生。

113

保罗把我们将要经历的身体的改变，比作住进我们永远的新家，对这一改变，我们该如何形容呢？必须承认，可以说的不多。我们只能以"不是怎样"来形容。在这个世界的理想新家里，到处都运转良好，没有故障，在我们复活的身体里亦是如此。我们看得见复活的耶稣，因此我们也可确知，当我们"穿上新人"后也会如此。所以，我们会认出彼此，也会为此而欢喜快乐。

我们也可以确定地知道，我们新的身体将会完美地配合和传达出我们完美的新生命——也就是我们被更新的道德和属灵品质。这个身体将体现出我们最好的状态，而非我们离开这个世界时身体的状况；其实，我们应该可以期待，那时的状态远好过我们状态最佳的时候。这个新的身体不会衰残，而会在永恒中永葆青春。它不会经历因内在自相矛盾的欲望而有的张力，也不会想做什么事却缺乏足够的精力或能力去实现它。我们进入荣耀之后，也再不会缺乏或无力表达对圣父、圣子、圣灵以及与我们同在的所有基督里的弟兄姐妹的爱。

不过，我们所能想象的，也就仅止于此了。

3. 我们将过上新生活。接下来，保罗把我们今生在基督里的信心生活与上帝所应许的永远与基督面对面的未来生活进行对比，这个对比也是一个高潮。保罗的对比用的乃是日常的表达方式："离开身体与主同住。"（林后5：6，8）在这个身体里与离开对比；离开这个身体与回家对

114

115

比。耶稣确实地告诉他的第一批门徒："我去原是为你们预备地方去……就必再来接你们到我那里去，我在哪里，叫你们也在那里。"（约14：2—3）这些门徒是未来所有信徒的代表，而耶稣的应许也是给我们每个人的。

同样，当耶稣祷告说："父啊，我在哪里，愿你所赐给我的人也同我在那里，叫他们看见你所赐给我的荣耀"（约17：24），他也是在为你我祷告，为历代所有的信徒祷告。每时每日，每位基督徒都可以、也应该牢牢抓住这个应许和祷告，尽量遥望未来，然后与保罗一起说："我们坦然无惧，是更愿意离开身体与主同住。"（林后5：8）

向前看，定睛于基督

软弱乃是基督徒的生活之道——这一主题至此已分享完毕。世人凭借自己的聪明才智，为自己规划着这个世界眼中的强者之路和成功之路。基督徒则规划着对基督的信心之路，深知这条道路上会有各样的软弱相伴。他们接受这一切，因为他们懂得，在今生讨主喜悦的信心旅程，终将带来荣耀。

写下这些文字的我，或阅读这些文字的读者，对这一点都还没有完全体会。但是终有一天，我们所有人都将经历这一切，并且，在我们身体改变进入下一个世界的过程中，基督自己要迎接我们，当我们在那个崭新的天地中醒

来，他的面容将是我们首先看到的事物，这将是一件何等
奇妙的事。在我们日渐年老体弱、肉身当中的刺和局限也
与日俱增的时候，对这一刻的盼望将托住我们，如同当年
托住保罗一般。"所以，我们时常坦然无惧。"（林后 5：6）
愿我们恒常如此。

同时，我们每日的生活道路也被我们的主和救主基督
所遮盖——不，更准确的词是照亮，他与内住在我们里面
的圣灵一起，虽然眼不能见，但却无比真实地与我们一路
同行。他在父面前是担当我们罪孽的中保，是我们的牧
者、向导和榜样。他是我们在软弱中力量的源头和属天盼
望的源头。在我们的生命和福祉受到威胁时，他会保守我
们，他为拯救我们而献上自己，教导我们慷慨奉献金钱去
帮助他人，这么做也是我们表达感恩的方式。《哥林多后
书》所展示给我们的这些内容，有时也被称作基督的自足
性。对保罗而言，主耶稣是主导他生命所有方面的中心，
从始至终，既是他的榜样，也给予他力量。

难怪保罗在他的结束祷告中，把主耶稣放在了三位一
体上帝的第一位。"主耶稣基督的恩惠、上帝的慈爱、圣
灵的团契"① ——共享的生命——"常与你们众人同在"
（13：14）。这也是我结束本书时衷心的祈愿。

117

118

① 此处为英文直译，和合本译为"圣灵的感动"。——译者注

索 引

（索引中的页码为原书页码，即本书边码）

A

affliction, as "light and momentary"，
至暂至轻的苦楚，106，107

affluence，财富，56

agapé，爱，36

ambassadors for Christ，基督使者，
47—48

Ananias and Sapphira，亚拿尼亚和
撒非喇，80

apostolic authority，使徒的权柄，
17，25，64

assurance，确据，34

Augustine，奥古斯丁，33

B

baptism，洗礼，61—62

Beatitudes，八福，79

boasting in weakness，夸（自己的）
软弱，52—53

body，as tent，身体，看作帐篷，
108—110

Book of Common Prayer，《公祷书》，
74，104

Buddhism，佛教，90

Bunyan, John，约翰·班扬，100

C

certainty of hope，盼望的确定性，
92，107

charisma，属灵恩赐，70

church, as missional community，
教会，宣教的群体，49

collection, for Jerusalem church，
为耶路撒冷教会的捐项，64—67

comfort，安慰，98

Corinthians，哥林多人，16—22，
63，64—67

courage，勇气，101，117

经文索引

图书在版编目（CIP）数据

软弱之道/（加）巴刻（Packer, J. I.）著；刘光宇译.
—上海：上海三联书店，2019.4 重印
ISBN 978 - 7 - 5426 - 5478 - 6

Ⅰ．①软…　Ⅱ．①巴…②刘…　Ⅲ．①成功心理-
通俗读物　Ⅳ．①B848．4 - 49

中国版本图书馆 CIP 数据核字（2016）第 018677 号

软弱之道

著　　者 / J. I. 巴刻
译　　者 / 刘光宇

责任编辑 / 邱　红
特约编辑 / 橡树文字工作室
丛书策划 / 橡树文字工作室
装帧设计 / 周周设计局
监　　制 / 姚　军
责任校对 / 张大伟

出版发行 / 上海三联书店
　　　　　（200030）中国上海市漕溪北路 331 号 A 座 6 楼
邮购电话 / 021 - 22895540
印　　刷 / 上海惠敦印务科技有限公司

版　　次 / 2016 年 5 月第 1 版
印　　次 / 2019 年 4 月第 5 次印刷
开　　本 / 890×1240　1/32
字　　数 / 55 千字
印　　张 / 3.125
书　　号 / ISBN 978 - 7 - 5426 - 5478 - 6/B·468
定　　价 / 28.00 元

敬启读者，如发现本书有印装质量问题，请与印刷厂联系 021 - 63779028